PARTICIPATION

DU

2e ARRONDISSEMENT MARITIME

A LA GUERRE DE 1870-1871

PARTICIPATION

DU

2e ARRONDISSEMENT

MARITIME

A LA GUERRE DE 1870-1871

PAR

P. LEVOT

Conservateur de la Bibliothèque du Port de Brest.

Correspondant du Ministère de l'instruction publique pour les Travaux historiques, etc.

BREST

IMPRIMERIE DE J. B. LEFOURNIER AINÉ, GRAND'RUE, 86

1874

(Extrait du *Bulletin de la Société académique*)

PARTICIPATION

DU

2e ARRONDISSEMENT MARITIME

A LA GUERRE DE 1870-1871 (1)

LES MARINS AUX ARMÉES

Si la marine n'a pas joué, pendant la dernière guerre, le rôle qui lui était naturellement dévolu et qu'elle aspi-

(1) Dans deux travaux antérieurs (*) nous avons fait connaître la part que la ville et le port de Brest ont prise respectivement à la défense nationale, par des envois de troupes et de matériel. Par le travail qui suit, résultat de communications officielles, autorisées par M. le ministre de la marine, nous nous proposons d'exposer le concours des officiers, marins et soldats de l'arrondissement maritime de Brest, aux opérations militaires, qu'ils aient composé des bataillons de marche et des flottilles, ou aient été affectés à d'autres missions.

(*) *Participation de la ville et de l'arrondissement de Brest à la défense nationale en* 1870-1871, dans l'*Annuaire historique, statistique, administratif et commercial de la ville et de l'arrondissement de Brest*, pour 1871-1872. Brest, J. B. et A. Lefournier 1872, in-12. — *Participation du port de Brest à la guerre de* 1870-1871. Brest, J. B. et A. Lefournier 1872, in-12. Ce dernier travail, exclusivement consacré à l'exposé des travaux exécutés dans le port, est le préliminaire de celui qui suit.

rait à remplir, c'est qu'elle en a été empêchée par l'imprévoyance de ceux qui avaient engagé cette lutte néfaste. Quand nos revers ont obligé à renoncer à toute attaque extérieure pour employer ce qui restait de forces vives du pays à la défense exclusive de son territoire, elle a noblement payé sa dette, et ajouté plus d'une page glorieuse à son histoire. Le port de Brest y occupera une place honorable, en raison, soit de la féconde activité qu'ont déployée tous les services de l'arsenal, soit du patriotisme, du courage, de l'habileté et de la discipline des officiers, marins et soldats qui en ont été détachés.

Dès le 6 juillet, le port de Brest avait reçu l'ordre d'armer un certain nombre de bâtiments destinés à des opérations exclusivement maritimes. L'ardeur fut telle dans l'arsenal, que, le 13, le ministre félicitait le vice-amiral Reynaud, préfet maritime, de la prompte exécution de ses ordres, et que, le 19, la rentrée des officiers en congé et l'arrivée des marins de levée, permettaient l'expédition des bâtiments qui devaient, ou défendre nos côtes, ou agir contre celles de la Prusse. Le 26, mouilla sur rade l'escadre de la Méditerranée, commandée par le vice-amiral Fourichon, et comprenant 3,200 rationnaires. Le ravitaillement de cette escadre en vivres et en matériel obligea à un surcroît d'activité qui eut pour résultat son appareillage, le 7 août, pour la mer du Nord, sa nouvelle destination. Ce jour-là même, le préfet recevait, avec la nouvelle de notre défaite à Wœrth, l'ordre de faire tous les efforts possibles pour sauver Paris et de préparer le départ, dans le plus bref délai, des équipages de la flotte organisés en bataillons de marche, et des autres troupes de la marine.

DIVISION DES ÉQUIPAGES DE LA FLOTTE

La solide organisation de la division l'avait préparée de longue main à toutes les éventualités. Aussi, grâce à l'activité déployée par son commandant, M. le capitaine de vaisseau Picard, l'exécution des ordres du ministre fut-elle instantanée.

Le 13 août eut lieu le départ du 1er régiment de marche sous les ordres supérieurs de M. le capitaine de vaisseau Mallet, promu contre-amiral le 2 janvier 1871. A leur arrivée à Paris, les trois bataillons de ce régiment, sous les ordres de MM. les capitaines de frégate de Bray, Ollivier (Jules), Ladrange, furent envoyés, le premier au fort de Noisy, le deuxième au fort d'Ivry, le troisième au fort de Bicêtre. M. le capitaine de vaisseau Mallet fut chargé du commandement supérieur du fort de Rosny. Les marins partis de Brest à la fin du mois d'août et pendant le mois de septembre jusqu'au jour de l'investissement, furent détachés à la batterie des buttes Montmartre, sous le commandement de M. le capitaine de frégate Lamothe-Tenet, du port de Toulon. Par la suite, cette répartition subit quelques changements.

Nous ne nous occuperons pas ici des officiers de marine ni des marins qui ont concouru à la défense de Paris; les éminents services qu'ils ont rendus, recueillis sur les documents officiels, ont été mis en relief par un officier général du corps de la marine, avec un talent et une autorité qui nous interdiraient d'aborder ce sujet, alors même qu'il rentrerait dans notre cadre (1). Les officiers et marins de Brest n'eurent pas d'action distincte; réunis aux marins et aux troupes de la marine des autres ports, ils eurent leur part de fatigues et de dangers, et la population parisienne, admirant leur courage et leur abnégation, n'a cessé de témoigner à ses valeureux défenseurs la reconnaissance que lui inspirait leur noble conduite.

La division s'empressa de combler les vides occasionnés par le départ de ce régiment; quelques semaines après, l'effectif de deux bataillons était déjà réuni.

BATAILLONS DE MARCHE (2)

1er & 2e BATAILLONS

Commandés par M. le capitaine de vaisseau PAYEN

M. le capitaine de vaisseau Payen prit, le 24 septembre

---

(1) *La Marine au Siége de Paris, par le vice-amiral baron de La Roncière-le-Noury, d'après les documents officiels; ouvrage accompagné d'un atlas contenant huit grandes cartes et plans des travaux français et allemands.* Paris, Henri Plon 1872, in-8° et in-f°.

(2) Chaque bataillon de marche de marins, commandé par un capitaine de frégate, se composait de six compagnies, fortes chacune de 120 à 130 hommes, et commandées par un lieutenant ou un enseigne de vaisseau, ayant sous leurs ordres un enseigne faisant fonctions de lieutenant et un maître celles de sous-lieutenant, un lieutenant de vaisseau, un officier du commissariat étaient attachés à chaque bataillon, le premier comme adjudant-major, le second comme comptable.

1870, le commandement supérieur des 1er et 2e bataillons de marche, qui ont formé avec le 3e de Toulon le régiment de marins à l'armée du Nord. Le premier de ces bataillons était commandé par M. le capitaine de frégate Cossé, qui prit, le 1er décembre 1870, le commandement supérieur de la place de Landrecies, et est rentré au port de Brest le 14 mars 1871. Le 2e bataillon était commandé par M. le capitaine de frégate Delagrange, chargé, depuis le 4 septembre 1870, de l'instruction des marins de nouvelle levée et de la formation d'un des bataillons de marche. Ces deux bataillons étaient composés d'inscrits, d'apprentis-marins et d'un nombre de fusiliers trop insuffisant, même en y adjoignant les chefs de pièce. La division de Brest avait fourni presque tous ses brevetés pour la formation des bataillons envoyés à la défense de Paris. Pour compléter les chefs d'escouade, le commandant Payen employa de préférence les matelots mécaniciens qui se conduisirent parfaitement et furent comptés parmi les meilleurs hommes des bataillons. Les quartiers-maîtres et les sous-officiers étaient presque tous nommés à titre provisoire.

Les deux bataillons, partis de Brest le 25 octobre, arrivèrent à Lille le 27. Ils furent d'abord occupés à l'armement des places du Nord, et furent représentés, le 27 novembre, à la bataille d'Amiens, par deux compagnies de fusiliers et deux batteries mixtes, — ainsi appelées parce qu'elles étaient composées de marins comme servants et chefs de pièce, et de conducteurs du train. — Elles étaient commandées par des officiers de marine, et les sous-officiers étaient aussi en grande partie fournis par les bataillons de marins. Cette combinaison qui, avant la guerre, eût paru impraticable, donna, à l'armée du Nord, d'excellents résultats. Les batteries mixtes et les compagnies de marins se conduisirent vaillamment à la bataille d'Amiens. Les matelots servirent comme fusiliers ou comme artilleurs en utilisant des pièces appartenant à la garde nationale. L'artillerie mixte montra beaucoup d'énergie et d'habileté. Le capitaine commandant la 2e batterie, M. le lieutenant de vaisseau Meusnier (1), fut tué, et le capitaine d'une compagnie du 2e bataillon, M. Bertrand, grièvement blessé, mourut des suites de sa blessure.

---

(1) Une pyramide triangulaire, solennellement inaugurée le 27 novembre 1871, a été érigée sur l'emplacement qu'occupait la batterie commandée par le lieutenant de vaisseau Meusnier, à 200 mètres en avant du cimetière de Dury, sur la droite de la route conduisant de ce bourg à Amiens. Sur deux des faces de ce monument funéraire se lisent les inscriptions suivantes :

27 NOVEMBRE 1870

MARINS DE BREST
2e batterie mixte de 12
Le lieutenant de vaisseau
MEUSNIER
commandant la batterie pointa lui-même
ses pièces jusqu'à sa troisième
blessure
son adjudant et deux sous-officiers
furent tués près de lui.

MARINS DE TOULON
1re compagnie du troisième bataillon
(*Provençale*-annexe)
RENAUDOT et FEUILLY
chefs de pièce
tués en servant des canons de 4.

Le commandant Payen partit de Lille le 29 novembre, avec le 2e bataillon, le seul qui se trouvait auprès de lui, et il se rendit à Cambrai où il fut rejoint par le 1er bataillon, disséminé dans plusieurs places fortes du Nord, et par le bataillon de Toulon qui était, en majeure partie, à Douai, avec quelques compagnies dans les places fortes, et qui prit le no 3. Les trois bataillons formèrent, sous ses ordres, un régiment qui fut cantonné dans des villages à petite distance au sud de Cambrai.

Le 6 décembre, le capitaine Delagrange quitta le commandement du 2e bataillon, dans lequel il fut remplacé par M. le lieutenant de vaisseau Parrayon (Auguste), et il fut chargé, avec le titre de colonel, de la réorganisation du 47e mobiles. Le 10 du même mois, il fut nommé chef de la 2e brigade de la 3e division du 22e corps, brigade composée de sept bataillons, savoir : un du 24e chasseurs ; un du 33e de ligne ; un du 68e de ligne ; trois du 47e mobiles, et un (le 8e) des mobilisés du Pas-de-Calais.

Par ordre du général en chef, le commandant Payen partit, le 7 décembre, de Cambrai, marchant par étapes dans la direction de Ham, où il arriva le 11 décembre. La veille au soir, la ville et le château avaient été enlevés par le général Lecomte, commandant la 1re division. Pendant les quelques jours que le régiment de marins passa à Ham, il fit d'assez longues reconnaissances. Ces marches eurent un excellent effet. Les matelots prirent l'habitude de s'équiper de la manière la plus avantageuse, et de porter le sac ainsi que les ustensiles de campement. Ils furent dirigés dans leurs essais par les officiers de marine qui, pendant toute la campagne, eurent à lutter contre les conséquences de l'équipement défectueux des bataillons pour une guerre à terre, et contre l'insuffisance des cadres, au point de vue de l'organisation et du service intérieur du régiment; le service des grand'gardes, celui des vivres, des appels exigeaient, surtout en marche, la présence incessante et la direction des officiers. Ces efforts de tous les instants, les fatigues qu'ils éprouvèrent par un hiver des plus rigoureux sont, pour les officiers de marine de l'armée du Nord, des titres aussi sérieux que leur bravoure sur les champs de bataille. Leur zèle, leur sollicitude pour leurs hommes exercèrent une grande influence sur l'organisation et la discipline de leurs bataillons. Ils eurent d'autant plus de mérite à accomplir leur tâche, que leur nombre, déjà insuffisant par suite de la nécessité de fournir six officiers aux batteries mixtes et de remplacer les capitaines de frégate dans le commandement des bataillons, le devint plus encore par le feu de l'ennemi. Les capitaines de frégate Cossé et Delagrange, nous l'avons vu, avaient quitté leurs bataillons, et le capitaine Sibour, commandant du 3e, blessé des suites d'une chute, ne put reprendre du service qu'après la campagne active.

Le 13 décembre, le régiment se mit en marche pour rejoindre le général en chef dans les environs de La Fère. Il en était à peu de distance, lorsque le commandant Payen eut avis que la ville et le château étaient menacés par une colonne prussienne. Le régiment revint au pas gymnastique, échangea quelques coups de fusil avec les Prussiens et rentra le soir à Ham, d'où il partit le lendemain soir par la route de Corbie, escortant une partie de l'artillerie de réserve. Il fut rejoint en route par le 19e chasseurs et le 48e mobiles, qui devaient former avec deux batteries, sous les ordres du commandant Payen, la première brigade de la division du vice-amiral Moulac, devenue la 1re du 23e corps. L'autre brigade était commandée par le colonel Delagrange.

Lorsque la division arriva, le 18, à Corbie, la brigade

Payen occupa la ville, et la brigade Delagrange fut cantonnée de manière à couvrir la ville du côté sud.

Le 22, l'armée fut conduite sur les positions qu'elle devait occuper dans le cas d'une attaque de l'armée prussienne. Le lendemain eut lieu la bataille de Pont-Noyelles. Le vice-amiral Moulac n'avait avec lui que la brigade Payen. En face était le village de Daours, sur l'Hallue, occupé par les Prussiens, et dominé des deux côtés par les hauteurs qui encaissent la rivière. Le 3e bataillon de marins, parti des faubourgs de Corbie, était arrivé le premier sur le champ de bataille, où l'ordre du général en chef et le canon appelaient en hâte la brigade Payen. Ce bataillon fut lancé sur le village et descendit la route escarpée qui conduit au pont de Daours. Le 19e chasseurs et le 48e mobiles occupèrent le plateau élevé qui se trouve vis-à-vis du village, laissant à gauche la route qui y conduit. Le 1er bataillon de marins, poussé plus à droite, prit part à l'attaque de Quérieux avec le centre de l'armée. L'amiral fit utiliser les bois et les accidents de terrain pour abriter les troupes exposées au feu d'une nombreuse artillerie qui, des hauteurs au-dessus de Quérieux, balayait la position qu'elles occupaient. La batterie mixte Gaigneau, de la réserve, tenait tête aux batteries prussiennes; son feu fut d'une grande précision et continué avec une remarquable fermeté. La position était importante; Corbie n'était pas évacué. La possession de ce plateau qui domine la route conduisant à cette ville, assurait les communications de la division française et arrêtait un mouvement tournant vers sa gauche. Le 3e bataillon s'engagea énergiquement dans Daours; mais n'ayant pu se maintenir dans le village, où l'ennemi en forces supérieures était installé depuis quelques heures, il s'établit sur la rivière et la chaussée du pont, et il repoussa les Prussiens qui tentaient de marcher en avant. L'ennemi recevait des renforts. Une forte colonne passait sur le flanc des hauteurs qui dominent Daours, sur la rive opposée au plateau qu'occupaient les Français. La batterie Alphen dirigea son feu sur cette colonne qui n'entra pas dans le village et qui dut perdre beaucoup de monde.

La division Moulac attaqua alors le village avec le 48e mobiles et le 10e chasseurs. L'ennemi était solidement retranché, les maisons crénelées. La lutte fut longue. La nuit se faisant, l'amiral, placé à l'entrée de Daours, fit rappeler ses colonnes qui s'établirent, en partie à toucher le village, à l'abri de la chaussée du pont, en partie sur le plateau en face. Le capitaine de frégate, à titre provisoire, Rouquette, cerné avec quelques hommes dans l'église de Daours, fut blessé et obligé de se rendre. Dans la soirée, après une alerte, l'amiral fit remonter sur le plateau, près de lui, les bataillons qui bloquaient le village.

Pendant cette journée, la division avait conservé ses positions au centre et à la gauche, et repoussé les tentatives des ennemis pour s'avancer hors des villages. La droite avait eu un avantage marqué et avait enlevé les positions qu'occupait l'ennemi. La nuit se passa sur les hauteurs où la division s'était maintenue toute la journée. Ses sentinelles échangèrent quelques coups de fusils avec les Prussiens. Cette nuit fut dure ; les hommes, sans feu possible, sans autres vivres qu'un peu de pain glacé, eurent à supporter, sans pouvoir bouger, un froid très-vif, qui, sur la hauteur, fut de 8 à 10 degrés.

Le lendemain 24, jusqu'à trois heures de l'après-midi, l'armée resta déployée, acceptant le combat ; mais l'ennemi ne s'engagea pas, et tout se borna à un échange de quelques coups de canon. L'armée se mit alors en marche vers le nord, et prit ses cantonnements sur la Scarpe.

Le 28, le vice-amiral Moulac, gravement malade, dut résigner son commandement. Le commandant Payen fut appelé à le remplacer, et fut remplacé lui-même par le lieutenant-colonel Michelet, du génie. La division Payen forma le 23e corps sous les ordres du général Paulze d'Ivoy, avec la division de mobilisés du général Robin. Les divisions des généraux Deroja et du Bessol formaient le 22e corps, sous les ordres du général de division Lecomte.

Depuis le départ de Cambrai, l'armée avait beaucoup souffert. Le froid excessif rendait la marche difficile, surtout pour les convois et l'artillerie. L'infanterie dut souvent aider à traîner les voitures qui portaient les vivres des divisions. Suffisant en temps ordinaire, l'équipement laissait beaucoup à désirer par un hiver aussi rigoureux. Malgré les fatigues, les privations, le moral de l'armée était excellent. Elle avait la plus grande confiance dans ses chefs; elle les aimait. Les officiers supérieurs, presque tous jeunes, exerçaient une grande influence sur leurs troupes par leur activité et leur énergie. Après les capitulations de Sedan et de Metz, ceux d'entre eux qui avaient réussi à s'évader, étaient venus, en partie, apporter à l'armée du Nord leur expérience et l'habitude du commandement. L'artillerie avait déjà cette belle réputation qu'elle conserva pendant toute la campagne. Les différentes armes vivaient en très-bons rapports. L'intendance, à force d'activité, assurait le service des vivres. Le général en chef qui, pendant toute la campagne, avait exigé la plus grande exactitude dans le service des éclaireurs et des grand'gardes, ordonna, pendant que les troupes étaient cantonnées sur la Scarpe, des reconnaissances poussées très-loin, des grand'gardes avancées. Toutes les mesures furent prises pour la défense des cantonnements, les postes des bataillons, des batteries étudiés, occupés. Les différentes armes couchèrent près de leur poste de défense. Ces mouvements fréquents, les appels en armes, tinrent les troupes en haleine et contribuèrent beaucoup à leur instruction.

Le 31 décembre, l'armée quitta ses cantonnements et marcha dans la direction de la route d'Arras à Bapaume, le 22e corps à droite, le 23e à gauche. Le 1er janvier au soir, la division Payen atteignait la grand'route d'Arras à Bapaume. Le 2, elle traversa, sans rencontrer l'ennemi, les villages situés sur cette route, jusqu'à Ervillers qu'elle occupa. En quittant ce village, elle s'avança jusqu'à Béhagnies. Elle avait devant elle une forte position : sur la hauteur, les deux villages de Béhagnies et de Sapignies, traversés par la route et reliés entre eux ; sur la hauteur, à sa gauche, le village de Favreuil ; à droite de la route, plus près de Bapaume, les villages de Bihucourt et de Biefvillers, séparés de la route d'Arras par une dépression de terrain. Cette position couvre Bapaume contre une attaque venant du Nord.

Au moment où le général Paulze d'Ivoy apprenait qu'il n'y avait qu'une faible avant-garde prussienne à Béhagnies, on entendit le feu des éclaireurs du 19e chasseurs qui faisait notre avant-garde, et ses tirailleurs étaient engagés dans le village. Le 1er bataillon de marins s'avança aussitôt à gauche de la route, et le 3e à droite, en appuyant sa gauche à la route. Ce bataillon devait appuyer plus à droite et se rabattre à gauche sur Béhagnies qu'il attaquerait par la droite, en même temps que le 1er bataillon, tournant sur sa droite, attaquerait la gauche de la position. Deux pièces de la batterie Dieudonné devaient soutenir l'attaque, en prenant position à l'entrée de Béhagnies.

Les trois bataillons de marins, sous la direction du lieutenant-colonel Michelet, commandant leur brigade, montèrent vers Béhagnies. Le lieutenant de vaisseau Granger, capitaine de frégate provisoire, commandait le 1er bataillon. Parvenu sur la hauteur, il enlève ce bataillon au pas gymnastique et le lance avec impétuosité contre le front de défense des deux villages de Béhagnies et de Sapignies qui se touchent. Ces villages, dont la défense était bien préparée, étaient crénelés et barricadés. Le 1er bataillon essuie un feu terrible. Au centre, le 3e bataillon, commandé par le lieutenant de vaisseau Hanet-Cléry, attaque en mêlant son feu à celui des chasseurs. A droite, le 2e bataillon, commandé par le lieutenant de vaisseau Parrayon, se rabat sur la gauche et engage un feu très-vif à l'intérieur de Béhagnies.

L'ennemi, déjà en grandes forces dans les villages placés sur la hauteur qu'attaquait la division, recevait des renforts venant de Bapaume à Favreuil et Sapignies. Une batterie prussienne vint se mettre à petite distance du 1er bataillon déjà exposé au feu des deux villages. Le feu très-meurtrier de cette batterie obligea une partie de ce bataillon à reculer; elle fut alors chargée par la cavalerie prussienne. Le bataillon de chasseurs, bien embusqué dans ses positions d'attaque, arrêta la cavalerie et la fit reculer à son tour. Au moment où le 1er bataillon était dans cette situation, les deux pièces de la batterie Dieudonné avaient gravi la montée de la route et se présentaient à l'entrée de Béhagnies pour se mettre en bataille. Elles furent accueillies par un feu nourri partant des maisons crénelées, à petite distance; avant d'avoir pu être mises en batterie, les pièces perdirent beaucoup de monde. Le lieutenant qui les commandait tomba. Les chevaux criblés, affolés par le bruit de cette mousqueterie, s'emportèrent, entraînant les conducteurs. Une pièce fut ramenée; l'autre, dételée, courait risque d'être enlevée par l'ennemi, lorsque le lieutenant-colonel Michelet se précipita avec quelques hommes déterminés, et parvint à la ressaisir.

Le combat continuait avec des pertes sensibles des deux côtés. Le 48e mobiles, colonel Degoutin, vint renforcer l'attaque des marins et des chasseurs. La brigade Delagrange reçut l'ordre de se rapprocher de la grand'route dont elle occupait la droite. L'ennemi, en force à Favreuil, s'avança vers notre gauche. Sa nombreuse artillerie nous rendait impossible l'occupation du terrain par le travers de Béhagnies et en avant de Favreuil. Notre artillerie, au bas de la côte, souffrait et n'eût pas suffi pour arrêter la marche des Prussiens. Le général commandant le 23e corps ordonna au général Payen de faire avancer la brigade Delagrange, qui vint se placer à gauche de la route. Une batterie reçut l'ordre de rétrograder et d'occuper les hauteurs, près d'Ervillers, pour commander la vallée, au cas où le mouvement de l'ennemi se dessinerait davantage.

Le 1er bataillon, qui s'était rabattu vers sa gauche, le 48e mobiles et les chasseurs défendant le terrain à gauche des villages, arrêtèrent l'ennemi. Les têtes de colonne de la division Robin étaient en vue marchant sur Marcy. Le jour finissait. L'ennemi, contenu, rentra dans ses cantonnements.

Dans cette journée, la brigade Michelet avait beaucoup souffert ; deux des commandants de bataillons de marins étaient tombés ; l'un, M. Parrayon, blessé, mourut le 4, et fut remplacé par le lieutenant de vaisseau Moisson (Léon) ; l'autre, M. Granger, blessé gravement, mourut quelque temps après de sa blessure ; un enseigne de vaisseau, M. de la Frégeolière, avait reçu plusieurs blessures et avait été tué à la tête de la compagnie qu'il commandait.

Le 48e mobiles avait eu ses trois chefs de bataillon gravement blessés ou tués, et 17 officiers atteints et hors de combat. Cette brigade, très-fatiguée, reçut l'ordre de se porter en seconde ligne, et la brigade Delagrange passa la nuit à Ervillers.

Les Prussiens évacuèrent pendant la nuit les deux villages de Béhagnies et de Sapignies qui furent aussitôt occupés par la brigade Delagrange. Cette occupation améliorait beaucoup la situation de la division Payen : elle lui donnait pied sur le plateau. La veille, dans l'après-midi, le général du Bessol avait pris Bihucourt. La division n'avait plus à redouter à sa droite que l'artillerie prussienne établie à Biefvillers.

Le 3, dès le matin, le général Paulze d'Ivoy fit avancer, à droite et à gauche de Sapignies, les batteries de la division qui engagèrent un feu très-vif avec l'artillerie ennemie. La brigade Delagrange prit ses dispositions pour attaquer Favreuil. Le colonel commandant en chef l'artillerie de l'armée, vint à la droite de Sapignies avec des pièces de réserve, et dirigea le combat d'artillerie de ce côté.

Bientôt parurent les colonnes de la division du Bessol, marchant sur Biefvillers, que le général attaqua de suite et qu'il enleva. Les troupes prussiennes qui défendaient cette position reculèrent sous le feu de la division du Bessol et sous celui de l'artillerie, placée à la droite de Sapignies. Une batterie fut détachée de la gauche pour soutenir l'attaque de Favreuil, que la brigade Delagrange, le 24e chasseurs en tête, enleva avec beaucoup de vigueur. Les Prussiens battirent en retraite sous la protection de l'artillerie qu'ils avaient en avant de Bapaume. Le général commandant l'armée avait fait placer près de la route de Bapaume des batteries de réserve qui engagèrent un feu très-vif avec cette artillerie et détournèrent le sien. La brigade Delagrange put alors déboucher de Favreuil, et le général Paulze d'Ivoy fit avancer la brigade Michelet, qui occupait Sapignies et qui marcha en colonne par bataillon, la droite appuyée à la grand'route dans la direction de Bapaume. Quelques escouades du 24e chasseurs, emportées par leur ardeur, entrèrent même dans Bapaume et eurent des hommes pris. A la nuit, le général commandant l'armée arrêta le mouvement en avant. Le 22e corps avait enlevé toutes les positions qui avoisinent Bapaume. Les deux corps d'armée couchèrent sur les positions qu'ils avaient conquises dans la journée. Bapaume fut évacué dans la nuit.

Le 4, l'armée reprit sa marche vers le Nord et fut cantonnée dans les villages au sud d'Arras, formant ainsi presque un demi-cercle. Les dépôts versèrent des hommes à différents corps pour réparer leurs pertes; d'autres corps reçurent des détachements de mobilisés généralement armés de chassepots. La nouvelle charge était déjà parvenue à l'artillerie; elle reçut, pour quelques batteries, l'obus à balles. Le général en chef organisa de nouvelles brigades de l'armée mobilisée, qui furent commandées par des officiers ayant appartenu à l'armée et dont les bataillons furent renforcés de sous-officiers pris, de leur consentement, dans les régiments de ligne. Seul, le régiment de marins ne pouvait recevoir de renforts ni d'objets d'équipement. Ses compagnies étaient très-réduites; une d'elles avait été prise dans Péronne.

Le 15, par un temps affreux, le quartier général de la division Payen était à Martinpuich. C'est là que les bataillons de marins reçurent un don précieux et des plus opportuns. Ils manquaient d'effets de laine. La difficulté de communiquer avec les divisions était la cause de ce dénuement. Ils eurent à se partager 1,300 chemises de flanelle et autant de paires de bas de laine. Ce n'est que plus tard que le général Payen fut autorisé à leur faire savoir que cette marque de sollicitude leur venait d'un illustre amiral, d'un prince, alors exilé, qui avait vainement offert ses services au gouvernement de la défense nationale.

Amiens semblait menacé par Albert et Bray. A Albert, un changement de direction porta, le 16, la division Payen vers Saint-Quentin. De Martinpuich, elle se dirigea sur Roissel, en passant par Fins. Sa marche fut très-pénible. Prise, dans l'après-midi, par un brusque changement de température, elle trouva les routes défoncées par la fonte des neiges, et changées en torrents en certains passages. Des hommes furent enlevés, des chevaux abattus par les courants. La brigade Delagrange fut obligée de s'arrêter à Egnancourt. La brigade Michelet ne parvint pas entière jusqu'à Fins. Les bataillons qui ne furent pas forcés de s'arrêter arrivèrent très-tard dans la nuit, et dans un triste état. Le 17, on rallia toute la division qui fut cantonnée à Roisſel et dans les environs. Le 18, elle prit la route de Saint-Quentin, en passant par Vermand. Saint-Quentin avait été enlevé par le colonel Isnard, à la tête de sa brigade. De différents points, de nombreuses troupes prussiennes marchaient sur cette ville. L'armée avait déjà eu des escarmouches avec divers corps prussiens. La première division du 23e corps était dans Vermand depuis quelques minutes, quand on entendit le canon à peu près dans la direction de Caulaincourt. Le brave général du 23e corps fut en un instant sur les hauteurs qui dominent Vermand. Le canon et la mousqueterie s'accentuaient. Il était évident que l'ennemi attaquait la division du Bessol, ou une partie de cette division, qui marchait à notre droite. Le général en chef avait déjà résolu de marcher au feu. Il ordonna au général Payen de faire venir immédiatement la brigade Michelet.

Vermand est dans un bas-fond dominé au nord par des collines assez élevées. Sur ces hauteurs se trouvent Soyécourt et Pœuilly. La route qui conduit à Soyécourt fait, près de ce village, un angle droit, et conduit ensuite à Pœuilly, vers l'ouest. La route de ce dernier village à Caulaincourt est directe et dans la direction du sud-sud-ouest. Les bois qui entourent Pœuilly vont en montant sur la pente qui domine Vermand, et s'étendent ensuite assez loin vers Caulaincourt. Le général pensa que cette hauteur devait être soigneusement gardée. L'ennemi pouvait attaquer par Pœuilly, où l'artillerie peut être facilement conduite, et tourner par la hauteur avec de l'infanterie, pendant que ses adversaires feraient face à l'attaque par Pœuilly. Un bataillon de marins fut placé sur la hauteur, à toucher le bois, un autre dans le bois, le 48e mobiles en avant du bois. La batterie Dupuich, devenue batterie Belvallet, vint se mettre en bataille près de Pœuilly. Elle avait eu de la peine à se dégager par suite de l'encombrement des convois à Vermand. Ce ne fut que plus tard que les deux autres batteries de la division purent être dégagées. Malheureusement, un malentendu du commandant divisionnaire de l'artillerie, priva du service de ces batteries. Le feu dominait du côté de Caulaincourt ; l'ennemi marchait sur la division Payen, et bientôt la batterie Belvallet fut vigoureusement engagée. Tout annonçait que l'ennemi avait de grandes forces. Sa nombreuse artillerie couvrait les positions françaises. Le 19e chasseurs vint occuper Pœuilly et y soutint longtemps un feu très-meurtrier, avec l'appui des tirailleurs placés dans le bois et du 48e mobiles ; mais, écrasé par un ennemi de plus en plus nombreux, il fut obligé de reculer après avoir perdu beaucoup de monde. La brigade Delagrange, dont deux bataillons étaient déjà engagés, occupa alors Soyécourt, y établit le 24e chasseurs, et mit le 47e mobiles à gauche de la route de Pœuilly ou de Péronne, près du 65e qui s'y trouvait déjà. Le 33e était à droite de la route, et le 2e de marins y fut aussi placé. La batterie Belvallet répondait avec beaucoup d'énergie au feu de l'artillerie prussienne. Les ennemis débouchèrent de Pœuilly, et leur cavalerie se disposa à charger. Le colonel Delagrange, utilisant tous les accidents de terrain, défendait la position avec opiniâtreté Le 17e mobiles, colonel Le Bel, et les bataillons à sa gauche arrêtèrent la cavalerie et firent reculer les Prussiens jusque dans Pœuilly, où ils les serrèrent de très-près. A Soyécourt, les chasseurs faisaient une résistance invincible. La brigade Michelet tenait encore les hauteurs au-dessus de Vermand et les bois qui les relient à Pœuilly, mais l'artillerie prussienne couvrait ces hauteurs. La nuit approchait. La division Robin fit annoncer son arrivée prochaine. Deux compagnies de voltigeurs du Nord, venues en avant-garde, avaient été de suite placées à droite de la route près de Soyécourt et avaient, avec un grand élan, pris part au mouvement qui venait de faire reculer les Prussiens devant la brigade Delagrange. A sept heures environ, le feu cessa. Nos pertes étaient sensibles, mais nous avions couvert Vermand, fait filer nos convois et assuré notre marche sur Saint-Quentin. Le général en chef de l'armée, arrivé sur le champ de bataille, ordonna de garder les hauteurs jusqu'à l'arrivée du colonel Jouard, qui devait faire notre arrière-garde avec un régiment de ligne de sa brigade, établie à Saint-Quentin.

La division avait marché ou combattu toute la journée dans des terres labourées, sans avoir eu le temps de manger. Les hommes étaient très-fatigués. Ils avaient à lutter contre des forces considérables. Les deux bataillons de chasseurs particulièrement avaient perdu beaucoup de monde. Les deux chefs de bataillon qui les commandaient étaient blessés : le commandant Wasmer, du 19e, très-grièvement de deux coups de feu ; le commandant Négrier, du 24e, moins gravement.

A neuf heures, la division prit la route de Saint-Quentin, où elle arriva vers minuit. Les habitants y aidant beaucoup, on parvint à loger à peu près tous les hommes et à leur assurer du pain. Trop fatigués pour pouvoir faire la soupe, ils préférèrent se reposer le plus tôt possible.

Le 19, de grand matin, la division alla occuper, dans le nord du canal, les hauteurs qui dominent la route de Ham jusqu'aux bois de Savy. A droite de ses positions, la brigade Isnard, des mobilisés, couvrait les bois de Francilly, et reliait la division Payen à la division Robin, qui occupait Fayet et les villages dans la direction de Francilly. Le 22e corps d'armée, séparé du 23e par le canal, défendait les approches de Saint-Quentin dans le sud. L'attaque des Prussiens commença par les positions du 22e corps, qui fut de suite très-énergiquement engagé. La brigade Isnard fut la première attaquée. Sur l'ordre du général commandant le 23e corps, la brigade Delagrange marcha dans la direction de Savy pour attaquer l'ennemi dans les bois, à gauche de Francilly. La batterie Alphen appuya ce mouvement. Les batteries Dieudonné et Belvallet étaient placées plus à droite, en face des bois de Francilly. Le 5e bataillon, mobilisés du Pas-de-Calais (brigade Delagrange), gardait dans le faubourg les têtes de route de Ham et de Cambrai. Pendant la première partie de la journée, la division Payen conserva ses positions, et même la brigade Delagrange, quoique vivement engagée, gagna du terrain vers Savy, ainsi que la brigade Isnard. La brigade Michelet, à notre gauche, était en réserve. Vers le milieu du jour, l'ennemi attaqua avec de nouvelles forces, et après de grands efforts, notre droite (division Robin) perdit le village de Fayet et les autres positions qu'elle occupait jusqu'à Francilly. Le général Paulze d'Ivoy décida alors l'attaque de ces positions par la brigade Michelet, à la tête du régiment de marins, commandé par le lieutenant de vaisseau Billet, capitaine de frégate provisoire, et du 48e mobiles ; le lieutenant-colonel Michelet enleva Fayet avec beaucoup d'élan et le garda jusqu'aux approches de la nuit. En même temps, le général plaça sur la hauteur, à la gauche de la division, une batterie et une section de l'artillerie de réserve. Ces batteries battaient l'artillerie et l'infanterie prussiennes qui avaient dépassé Fayet se dirigeant vers la route de Cambrai. Cette artillerie, capitaine Giron, lieutenant de vaisseau, eut un feu d'une rare précision et occupa sa position périlleuse avec un grand sang-froid. Le mouvement de l'ennemi, par notre droite, fut arrêté. La brigade Pauly, des mobilisés, accourant au canon, contribua à ce résultat. A mesure que la journée avançait, l'ennemi mettait en ligne de nouvelles forces arrivant par la route de Ham. La brigade Delagrange, malgré ses efforts, dut se replier devant une artillerie très-nombreuse, que la batterie Alphen était seule à combattre à notre gauche. A droite, les batteries Dieudonné et Belvallet luttaient aussi avec énergie contre des batteries prussiennes très-supérieures en nombre. Mais la brigade Michelet était obligée de céder Fayet. Elle se retirait pas à pas, en défendant le terrain et appuyant vers la droite. Il commençait à faire sombre. Le général en chef avait fait avertir le général commandant le 23e corps d'avoir à garder fortement sa gauche qui était très-menacée. Par ses ordres, le général Payen rallia sur la hauteur le 48e mobiles, le 2e marins et ce qui restait des bataillons de chasseurs. On entreprit de mettre en ligne une batterie de montagne; le terrain s'y refusa. Avec ces troupes, le général Payen resta jusqu'à la fin de la bataille à l'extrême gauche, près du général commandant le corps d'armée. Grâce à la nuit, la mousqueterie ennemie était moins meurtrière Ses obus, passant par-dessus la tête des Français, tombaient dans les faubourgs où ils allumèrent des incendies. Quand le feu cessa, les troupes françaises entrèrent en ville par la barricade de la route de Savy. Après avoir assuré la défense de la barricade et placé en dehors les grand'gardes et les postes, le général Payen suivit le général Paulze d'Ivoy dans l'intention de voir le général en chef. Ils ignoraient la retraite du 22e corps et la prise de la ville par les Prussiens. Le nuit était sombre et les officiers chargés d'informer le général commandant le 23e corps n'avaient pu parvenir jusqu'à eux En arrivant sur la place principale de Saint-Quentin, ils y virent les Prussiens en bataille et furent salués par quelques coups de fusil et des *hurras* qui leur firent rebrousser chemin. Ils revinrent au galop vers leur barricade du faubourg. Un officier de l'état-major du général en chef, à la recherche du général Paulze d'Ivoy, lui rendit compte des mouvements du 1er corps de l'armée qui, après une lutte soutenue avec un rare courage, avait dû traverser la ville et gagner Cambrai. Les colonels Delagrange et Michelet, prévenus à temps de l'entrée des Prussiens en ville, avaient pu prendre les routes de Cambrai et du Cateau avec de l'artillerie et une partie de leur brigade. Outre une partie du 2e bataillon de marins postée en dehors de la barricade, il y avait une partie du 47e mobiles, des 65e et 35e bataillons de ligne qui n'avaient pu suivre le mouvement de leur brigade. L'obscurité, le manque de guides, l'encombrement des faubourgs, expliquent ce manque d'entente. On ouvrit de force quelques maisons sans pouvoir trouver assez tôt un guide méritant notre confiance. Pendant ces recherches, les bataillons placés au dehors recevaient leurs instructions par l'intermédiaire du commandant Jacob, chef d'état-major de la division Payen, à qui son général, pendant qu'on entrait en ville, avait donné le commandement de la barricade et des troupes placées en dedans et en dehors. Le général Paulze d'Ivoy avait annoncé sa résolution de tenter le passage sur un seul point avec toutes les troupes qui restaient à St-Quentin et de le forcer au besoin. Un brave homme, dont le ton et le langage inspirèrent une confiance absolue, offrit spontanément de guider le général par des rues détournées, jusqu'à l'entrée de la route de Cambrai, celle que le général avait résolu de suivre. On avait à redouter que la route ne fût déjà occupée entre St-Quentin et Fayet. Dans tous les cas, le passage à la hauteur de ce village, situé près de la route de Cambrai, devait être un moment critique. Les dispositions que les troupes eurent à prendre ne furent pas troublées par les Prussiens. Elles se mirent en route dans l'ordre suivant : les deux bataillons de chasseurs, 19e et 24e, bien réduits, formaient l'avant-garde ; l'état-major s'était placé devant le 48e mobiles, qui venait de la barricade et devait être suivi par les hommes du 33e bataillon de ligne, du 65e et du 2e bataillon de marins. Malheureusement, à cause du désordre occasionné par ceux qui avaient manqué le départ des colonnes déjà en marche, le 33e, qui devait venir immédiatement après le 48e mobiles, ne suivit pas la rue étroite dans laquelle ce dernier bataillon était engagé ;

marchant quelque temps le long du boulevard, il s'approcha trop de la gare. Les bataillons qui suivaient le 33e ne s'aperçurent pas de la fausse route qu'il prenait et tombèrent au milieu des Prussiens, qui étaient en forces. Après quelques coups de fusil, la défense étant impossible dans leur position, les bataillons se rendirent. Mais la plupart des officiers et des soldats, se débandant de suite, profitèrent de la nuit pour s'évader, et, passant à travers champs, ils rejoignirent à Cambrai ou à Lille, après avoir couru de grands dangers et supporté de cruelles fatigues.

De Saint-Quentin à Cambrai, les débris du 23e corps ne furent pas attaqués, et leur retraite fut facilitée par le dévouement d'un capitaine de chasseurs et de sa compagnie. Les hommes, après tant de journées de marche et de privations, après deux jours de bataille, sans avoir eu le temps de prendre d'autre nourriture que le pain du matin, avançaient à grands pas. La division était à Cambrai dans la matinée du 20. Elle partit le soir, en chemin de fer, pour Lille. Le 48e mobiles escorta l'artillerie, qui se rendit par étapes à sa destination.

Le 29 janvier, à Lille, le général en chef passa la revue de la 1re division du 23e corps et la félicita sur son courage pendant la campagne. Quelques jours après, le général Payen reçut l'ordre de se rendre avec ses deux brigades à Saint-Omer, où elles arrivèrent, par étapes, le 9 février. Elles furent cantonnées, soit dans la ville, soit dans les villages voisins à petite distance. Le général réorganisa sa division. Les dépôts comblèrent les vacances des bataillons. Les ressources des arsenaux permirent d'améliorer l'armement. Grâce aux efforts de l'intendance, l'habillement fut mis en bon état. Le général Payen s'adressa à l'intelligence et à l'énergie des officiers pour obtenir une juste sévérité dans le maintien de la discipline.

Il ordonna de fréquents exercices, des rondes réitérées. Les hommes versés par les dépôts étaient bien instruits, la tenue était belle. Aussi la division, au complet, fut-elle promptement en état de recommencer la campagne. Elle avait reçu quelques récompenses, trop peu nombreuses, hélas! au gré des chefs qui les avaient demandées.

Les deux bataillons réunis du 65e formèrent un régiment de marche sous les ordres du commandant Jacob, fait lieutenant-colonel à la fin de la campagne. Cet heureux choix plaçait ce nouveau régiment sous les ordres d'un officier distingué, dont l'intelligence militaire et l'expérience avaient été précieuses au général Payen dans les engagements auxquels sa division avait pris part, et dans le maintien des bonnes relations qu'il avait eues constamment avec les états-majors des différents corps sous ses ordres.

Le 5 mars, le général Payen reçut l'ordre de dissoudre sa division. Il lui fit ses adieux, la félicita de son courage, de sa discipline pendant la courte mais rude campagne qu'elle venait de faire Le 8, jour où le commandant Delagrange arrivait à Brest, le commandant Payen partait pour Dunkerque avec le régiment de marins; il rentrait à Brest le 12.

3e BATAILLON DE MARCHE

Commandé par M. le capitaine de frégate DU TEMPLE
(Jean-Louis-Rivallon)

Le capitaine de frégate du Temple (Jean-Louis-Rivallon), après avoir suivi du 12 septembre au 20 octobre

1870 les travaux du fort Montbarrey, prit à cette dernière date le commandement du 3e bataillon de marche. Parti de Brest, le 3 novembre, pour Bourges, où il arriva le 5. ce bataillon resta campé jusqu'au 14 dans la boue et la neige du polygone. Dans l'intervalle arrivèrent le 4e bataillon de Brest et le 4e bataillon de Toulon. Une partie de ce dernier fut détachée le 16 à Orléans pour y armer les canons de marine que l'on établissait autour de la ville, en vue d'une défense sérieuse. Le 17 au matin, le 3e bataillon partit pour Sancergues (Cher). Le commandant du Temple avait mission d'étudier et d'appliquer les moyens d'empêcher l'ennemi de passer de la rive droite sur la rive gauche de la Loire entre Cosne et Fourchambault. Tous les travaux qu'il fit exécuter dans ce but étaient terminés, lorsque dans les premiers jours de décembre, le 5e bataillon de marins de Toulon fut envoyé à Cosne et placé sous ses ordres. Le 7 décembre au soir, il apprend la défaite de la seconde armée de la Loire et la marche de l'ennemi sur Gien. Il part de la Charité-sur-Loire, au milieu de la nuit, pour rejoindre à Cosne le 5e bataillon de Toulon et s'opposer au passage de la Loire par l'ennemi. Mais, en chemin, il reçoit des ordres contradictoires de trois généraux, et finit, en exécution de celui du général Mazure, commandant de la 19e division militaire, par rallier Bourges où il arrive dans la nuit du 9 au 10. Le 3e bataillon y travaille jusqu'au 16, avec le 5e bataillon de Brest et les 4e et 5e de Toulon, à organiser la défense de la ville. Le 16, le commandant du Temple a une conférence avec le ministre de la guerre Gambetta qui lui offre le grade de général de brigade; il refuse, préférant le commandement de son brave bataillon à celui des troupes qu'il voit traverser Bourges en désordre.

Le même jour, il part de cette ville pour la Charité-sur-Loire, suivi d'une batterie d'artillerie, de trente gendarmes et d'un certain nombre de francs-tireurs. Le 17, il laisse derrière lui cette troupe indisciplinée—elle le rejoignit plus tard — composée d'éléments empruntés à tous les pays, et qui, du reste, aurait manqué de vivres si les marins ne lui en avaient donné pour un jour. A son arrivée à la Charité-sur-Loire, le 17 décembre, le commandant du Temple commence l'organisation d'une petite armée de 8 à 10,000 hommes qu'il doit commander et qui aura pour mission de préserver nos grands établissements industriels du centre de la France : Cosne, Fourchambault, Nevers, Guérigny, le Creuzot, etc. On ne lui laisse pas le temps de compléter cette organisation. Le 19, il reçoit l'ordre de se replier avec son bataillon sur Bourges. Désespérant d'être utile en continuant de servir dans l'armée de terre, et ne voulant pas laisser se développer chez ses hommes les germes de démoralisation que menaçaient de produire des marches et des contre-marches sans but appréciable, il demande à rentrer dans la marine et à rester sur les bords de la Loire où il espère pouvoir rendre des services. Malgré le blâme sévère qu'il reçoit pour ces démarches, il est maintenu dans le commandement des troupes qu'il organise et qui composent une brigade formant l'aile gauche de l'armée de la Nièvre, et se reliant avec l'aile droite à Nevers, et le centre à Clamecy. Le 23 décembre, 12,000 mobilisés, deux nouvelles batteries d'artillerie et un escadron de cavalerie sont envoyés au commandant du Temple qui, puissamment secondé par son chef d'état-major, le lieutenant de vaisseau Broquet, organise ces troupes. Le 25, l'approche de l'ennemi est signalée. La population affolée accourt de tous côtés demandant du secours. Le même jour le commandant du Temple reçoit sa nomination au grade de général de brigade avec le commandement du département de l'Yonne. Mais ce département étant occupé par l'ennemi, il prend le commandement de toutes les troupes réunies dans la Nièvre, et part immédiatement pour Nevers, d'où il se porte dans la nuit du 26 au 27, à la Charité-sur-Loire, et dans la journée à Cosne. Grâce à l'activité et à l'intelligence des choses de la guerre de son chef d'état major, les troupes sont cantonnées à 5 heures du soir, et le service des vivres est assuré par les soins de l'aide-commissaire Merlant, attaché au 3e bataillon de Brest et faisant fonctions de sous-intendant militaire.

Le 28 décembre, les Prussiens attaquent Neuvy (1) occupé

---

(1) Si pendant l'invasion il y a eu de regrettables défaillances, on est heureux de leur opposer des actes de dévouement tels que ceux que nous allons citer. En décembre et janvier 1870-1871, le général du Temple était alors à Neuvy avec quatorze ou quinze mille hommes, quand la petite vérole noire sévit tout à coup avec force parmi les troupes en observation depuis Clamecy jusqu'à Neuvy, où était le quartier général. Il n'y avait pas d'ambulance pour recevoir ces malheureux ; le général du Temple donna tous ses soins pour en créer ; mais tout manquait, local, matelas, médicaments, infirmiers. Le général mit des malades chez les sœurs de Neuvy et dans des maisons particulières. Parmi les sœurs était une jeune fille d'un grand dévouement qu'il mit à l'ordre du jour de l'armée. A Autrain, une autre jeune fille, non religieuse, ne voulut pas qu'on retirât de chez elle douze soldats qu'elle avait recueillis, disant que son frère étant soldat, elle voulait traiter les autres comme elle désirait qu'on le traitât lui-même. A la même époque, les habitants de la rive droite de la Loire, que couvrait l'armée de la Nièvre, vinrent demander au général du Temple à emmener chez eux des malades pour les soigner. Quand on songe que rien n'est plus dégoûtant, plus infect que l'horrible maladie qui exerçait alors ses ravages dans l'armée, on ne saurait laisser dans l'oubli de tels dévouements.

par un bataillon de mobilisés qui les repousse. L'ennemi revient le 29 avec des renforts. Le général du Temple envoye le reconnaître et place sur des hauteurs plusieurs bataillons qui, déployés en tirailleurs, le débordent à droite et à gauche, et l'obligent à se replier. Rentré à Neuvy, le général fait occuper par ses troupes les positions nécessaires pour couvrir toute la Puisaye et se relier avec le centre de l'armée, cantonné à Clamecy. Le 31 décembre, après avoir placé des postes avancés dans les directions de l'ennemi, et en avant, des francs-tireurs mis en éclaireurs, il attaque les Prussiens établis à Bonny, les en déloge, les poursuit et les atteint à Chatillon où 150 d'entre eux sont tués ou blessés. Du côté des Français, le lieutenant de vaisseau Daniel et le capitaine d'artillerie de Condé sont assez grièvement blessés. Le quartier-maître Irachetto est tué et 8 ou 10 hommes blessés.

Le 1er janvier, à 8 heures et demie du matin, le général du Temple, ne voulant pas laisser se refroidir l'ardeur des troupes, se porte vers Briare, occupé par environ 3000 Prussiens qui, à la nouvelle de son approche, se retirent. Les francs-tireurs les harcèlent, en tuent un certain nombre, et le soir, après un engagement sérieux, ils ramènent à Briare une trentaine de prisonniers.

La position de Briare, dominé de tous côtés, exposant la colonne à être tournée, et le pays étant d'ailleurs épuisé, le général y laisse un bataillon et retourne le 3 janvier occuper les lignes de Neuvy. Le 8, il reçoit l'ordre de se replier sur Nevers. Il proteste contre cette retraite qui va laisser à la merci de l'ennemi le pays qu'il est chargé de défendre, et déclare qu'il n'abandonne pas les lignes de Neuvy; que du reste il répond d'empêcher les ennemis de passer, fussent-ils 50,000; qu'enfin, si l'on n'a pas confiance en lui, il est tout prêt à résigner son commandement et à reprendre celui de son bataillon. Il est maintenu dans son commandement et conserve ses positions.

Le 12 janvier, 300 Prussiens viennent à Ouazel-sur-Trez; les francs-tireurs en tuent une trentaine et les obligent à battre en retraite. Le 13, ils reparaissent avec des renforts, à Gien et à Briare. Des dispositions sont prises pour les envelopper; mais le 14, au moment où le plan d'attaque du général du Temple va recevoir son exécution, ils s'échappent à la faveur d'une brume épaisse, et, abandonnant de nouveau Gien, ils se retirent à la Bussière. C'est alors qu'il est enjoint au 3e bataillon de se rendre à Bourges sous les ordres du lieutenant de vaisseau Dinel qui le commandait, depuis que le commandant du Temple avait été promu général. Ce bataillon est démembré et réparti, pour les compléter, entre les autres bataillons de marins réunis à Bourges. Le général du Temple ne retient de ce bataillon que l'enseigne de vaisseau de Baichis et le nombre d'hommes suffisant pour monter une batterie de campagne. Le 16, il reporte son quartier général à Nevers. Là il s'occupe de reprendre le projet déjà ébauché par lui, et concerté avec le ministre Gambetta, dont le but est la délivrance de Paris. Le général du Temple doit y commander un corps d'armée avec le grade de général de division. Le 29, à la nouvelle de l'armistice, ce projet est abandonné, et il va régler, avec les généraux prussiens de Ranzo et Von Faberg, la délimitation des lignes qu'occuperaient respectivement les belligérants. Le 3 février, la rage au cœur, il fait abandonner par ses troupes la moitié du département du Loiret et la moitié de celui de l'Yonne, positions qu'elles avaient enlevées à l'ennemi, et il se retire derrière les frontières de la Nièvre.

Le 12 février, le général Pointe de Juvigny est appelé au commandement supérieur des troupes réunies dans le

Cotentin, et le général du Temple est nommé à sa place au commandement supérieur des troupes rassemblées dans la Nièvre. Le ministre de la guerre lui demande s'il croit pouvoir défendre le département de la Nièvre en cas de reprise des hostilités et en tenant compte du surcroît de forces dont l'ennemi pourra disposer, le siége de Paris n'en absorbant plus une grande partie. Il répond affirmativement, mais il lui faut plus de troupes et plus d'artillerie. Le ministre lui prescrit de prendre toutes ses dispositions pour conserver la Nièvre, lui envoie des troupes, de l'artillerie, et l'engage à se mettre en rapport avec le général commandant le 25e corps et le vice-amiral Penhoat, commandant la nouvelle armée des Vosges.

Le 19 février, le général du Temple adresse la proclamation suivante :

« *Habitants de la Nièvre !*

» *Soldats de l'Armée de la Nièvre !*

» Je ne sais quelles conditions l'ennemi compte imposer à notre pays; mais si la Chambre, qui représente la France, ne peut choisir qu'entre une paix déshonorante et la continuation de la guerre, elle subira avec courage cette dure nécessité.

» Le département de la Nièvre a pu être préservé. J'ai reçu ordre de le défendre, je le défendrai; mais il me faut le concours de toutes les populations que nous avons sauvées de la ruine.

» Habitants de la Puisaye, habitants du Morvan, debout partout! Réunissez-vous, groupez-vous, quelques jours encore sont devant nous; rassemblez des pelles, des pioches, et si le 24, à midi, les hostilités recommencent, coupez tous les chemins en avant de mon armée, placez des herses dans tous les passages, multipliez les obstacles. Dites-vous bien que c'est la ruine complète qui marche vers vous, et que tous les sacrifices doivent être faits.

» Je serai avec vous, avec vos enfants, vos frères, mobiles et mobilisés, pour défendre pied à pied le sol de votre pays.

» Vive la France! Vive la République!

» Au quartier-général, à Nevers, le 19 février 1871.

» *Le général commandant les troupes de la Nièvre,*

» Louis DU TEMPLE. »

Le camp de Vernuch, près de Nevers, où le général avait réuni 25,000 hommes environ pour les organiser, fut levé. Trois brigades furent formées et dirigées immédiatement sur les frontières du département. L'une, commandée par le colonel Sudrie, prit position à Neuvy, s'étendant jusqu'à Dampierre; la seconde, commandée par le colonel Bonnerot, s'établit entre Dampierre et Clamecy, et la troisième, commandée par le colonel Bobin, prit position entre Clamecy et Montamet. Le général, avec les réserves, devait établir son quartier-général au centre des brigades, de manière à pouvoir se porter facilement au secours de celle qui serait attaquée.

Le 24 février, le général du Temple recevait du ministre de la guerre la dépêche suivante :

« Mon cher général,

» J'ai décidé, en cas de reprise des hostilités et en raison de la position très en l'air qui serait faite, par suite des regrettables conditions de la convention du 28 janvier, au général Pourcet, que Bourges serait évacué et que le 25e corps se retirerait en arrière du canal du Berry dans des positions défensives que je fais étudier à l'avance.

» Cette retraite devant avoir pour conséquence de découvrir complètement votre division, avec laquelle il vous deviendrait absolument impossible de défendre fructueusement la Nièvre, il conviendra que vous suiviez le mouvement de retraite du 25e corps, en manœuvrant de manière à le rallier en arrière du canal du Berry que je viens de mentionner.

» Dès ce moment, vous passerez sous les ordres du général Pourcet, qui restera chargé de la direction des opérations.

» Je regretterai cet amoindrissement, plus apparent que réel, du rôle que vous avez joué jusqu'à présent avec autant de vigueur que d'intelligence; mais vous comprendrez vous-même la nécessité de cette plus complète concentration de nos forces.

» Vous attendrez un ordre pour commencer votre mouvement de retraite; mais prenez dès-à-présent vos mesures pour qu'il puisse s'effectuer au premier avis.

» Recevez, mon cher général, l'assurance de mes sentiments affectueux.

» Général LE FLÔ. »

Les brigades furent concentrées autour du quartier-général de leur commandant ; les réserves se réunirent à Varzy.

Le 25, une dépêche ayant fait croire que l'armistice était rompu, le général fit de nouveau couvrir toutes les routes du département.

Vinrent ensuite la paix et le licenciement des différentes armes. Le général du Temple conserva le commandement du département de la Nièvre. Il eut à maintenir l'ordre dans cette population d'ouvriers et à agir contre une tentative d'établissement de la Commune, à Cosne et à Neuvy. Il dut être remplacé par le général de Curton, le 12 avril ; mais ce ne fut que le 26 que le général vint prendre le commandement de la subdivision de la Nièvre.

En licenciant ses troupes, le général du Temple leur adressa l'ordre du jour suivant :

« Soldats qui composiez la division de la Nièvre, je vous fais mes adieux. Au moment de vous quitter, je tiens à vous dire hautement que vous vous êtes vaillamment conduits à Neuvy. A peine arrivés, l'ennemi vous attaque et vous le repoussez. A Châtillon-sur-Loire, les mobilisés, armés de mauvais fusils et en sabots, suivent deux compagnies de marins de Brest et enlèvent à la baïonnette toutes les positions de l'ennemi qu'ils chassent devant eux. A Ouzouer, et deux fois à Briare, vous avez battu les Prussiens. En prenant personnellement le commandement de l'aile gauche de l'armée de la Nièvre, je m'étais donné pour tâche de ne jamais vous exposer à un échec, tout en préservant le département de la Nièvre.

» J'ai atteint mon but.

» A bientôt, j'espère.

Vive la France! Vive la République!

» **Nevers, le 15 mars 1871.**

» Louis du Temple. »

Le 3e bataillon de Brest, partagé entre d'autres bataillons de marins, fit partie de la division Bruat et alla à Versailles avec l'Assemblée nationale.

Le général Louis du Temple, remis à la disposition de la marine, rentra à Brest, avec son grade de capitaine de frégate, le 29 avril 1871.

Les récompenses accordées au 3e bataillon de Brest ont consisté en deux croix de la Légion d'honneur, décernées, l'une au lieutenant de vaisseau Daniel, blessé à Châtillon, l'autre à l'enseigne de vaisseau de Baichis.

4e BATAILLON DE MARCHE

Commandé par M. le capitaine de frégate ANSART

Ce bataillon, parti de Brest pour Bourges, le 11 novembre 1870, sous les ordres du capitaine de frégate Ansart, est arrivé le 13 et a fait partie jusqu'au 28 décembre des troupes de la 19e division militaire, commandée par le général de division Mazure. Le 1er novembre, il fit partie d'une colonne mobile composée d'un détachement de dragons du 8e régiment, de la batterie d'artillerie mobile du Var, de la 24e batterie du 10e régiment d'artillerie, et du 5e bataillon de marche de marins de Toulon, sous le commandement supérieur du capitaine de frégate Ansart, promu à titre auxiliaire au grade de colonel, qu'il refusa pour ne pas se séparer de son bataillon. Le commandant Ansart a fait partie de cette colonne jusqu'au 24 février 1871, époque à laquelle il est entré dans la première division d'infanterie, 2e brigade du

25ᵉ corps d'armée (armée du centre, ayant son quartier-général à Vierzon), division commandée par M. le capitaine de vaisseau Bruat. Il n'a été donné au 4ᵉ bataillon de participer à aucune action, mais il a eu à supporter, depuis le 28 décembre, par les temps les plus rigoureux, des marches et contre-marches continuelles, qui n'ont pas embrassé moins de 384 kilomètres, dans les départements du Loiret, du Cher et de la Nièvre.

Le 4ᵉ bataillon fut ensuite employé à Bordeaux, et le commandant Ansart, remplacé le 11 mars, par M. Dubrot, du port de Toulon, alors capitaine de frégate. M. Ansart rentra à Brest le 18 mars. Le 19 mars, le 4ᵉ bataillon accompagna l'Assemblée nationale à Versailles où il entra, le 1ᵉʳ avril, dans la composition du 1ᵉʳ régiment de marins fusiliers, commandé par M. Dubrot. (Division Bruat, 2ᵉ brigade, général de Langourian.) Le 1ᵉʳ régiment s'est très-bien montré dans les affaires qui amenèrent la reddition du fort d'Issy.

5ᵉ BATAILLON DE MARCHE

Commandé par M. le capitaine de frégate TESTARD DU COSQUER
et par M. le lieutenant de vaisseau SARLAT.

Ce bataillon, composé en grande partie d'hommes provenant de levées ou d'engagements volontaires, entra en formation, le 5 novembre 1870, sous la direction de M. le capitaine de frégate Testard du Cosquer, qui déploya une grande activité pour lui donner un peu d'homogénéité, et parvint à le préparer autant que possible, avant son départ, au métier tout exceptionnel qu'il allait faire.

Le 24 novembre, le bataillon fut dirigé, par les voies ferrées, sur le Mans, où il était appelé à faire partie de la réserve du 21e corps, armée de la Loire, alors en formation. Arrivé au Mans, le 26 novembre, le 5e bataillon reçut l'ordre d'aller camper le lendemain dans la plaine de Pontlieue. Le soir même du 26, le commandant Testard du Cosquer, trompé par l'obscurité, tomba dans une profonde carrière, d'où il fut relevé grièvement contusionné et transporté à l'hôpital du Mans. Son état le mettant dans l'impossibilité de continuer la campagne, il dut revenir à Brest où il rentra le 19 décembre. Le bataillon perdit en lui un chef qui lui avait communiqué l'ardeur dont il était animé. Il fut, toutefois, dignement remplacé par M. le lieutenant de vaisseau Sarlat, aujourd'hui capitaine de frégate, l'officier le plus ancien en grade.

Après plusieurs jours de marche assez pénibles pour des hommes si peu rompus à une fatigue d'un nouveau genre, à laquelle ajoutait la charge d'un matériel indépendant du sac, le bataillon campa, du 6 au 12 décembre, à Marchenoir. Pendant ces journées, il fut déployé en tirailleurs et se battit à Lorges et à Marchenoir. Mais les Prussiens continuaient à marcher vers le Mans, et, pendant les dix premiers jours de décembre, le bataillon, qui entendait la canonnade, eut le regret d'être réduit, comme faisant partie de la réserve, à ne participer à aucun engagement.

Le bataillon, après la retraite de Marchenoir, le 21 décembre, vint, avec la réserve du 21e corps, camper à Sargé. Quoiqu'il ne se fût pas encore battu, il était très-fatigué ; quatre-vingts hommes passaient chaque jour à la visite du médecin qui, pour unique remède, ne pouvait leur donner que des paroles de consolation. L'état sanitaire était bien moins satisfaisant que celui du 4e bataillon de marins de Cherbourg, campé dans le champ voisin. Cette différence s'explique naturellement. Le bataillon de Cherbourg avait été composé d'hommes de choix, pris dans les compagnies de débarquement des deux escadres de la mer du Nord ou de la Baltique, et chaque compagnie du bataillon représentait une compagnie de débarquement.

Le 28 décembre, le bataillon alla prendre ses cantonnements à la Fontaine-Saint-Martin, à moitié route de Sargé et du Mans. Les hommes s'y rétablirent peu à peu. Le 7 janvier, à 6 heures du matin, on reçut au camp l'ordre d'escorter une batterie d'artillerie jusqu'à la Ferté-Bernard. Le bataillon ne devait qu'aller et revenir. C'est ce qui détermina le commandant Sarlat à confier le commandement d'une quarantaine d'hommes à l'aide-commissaire Babron qui, depuis le 22 décembre, avait remplacé au bataillon l'aide-commissaire Kernéis, fait prisonnier dans la nuit du 9 au 10 décembre et interné à Stuttgart (Wurtemberg) où il fut conduit, par étapes jusqu'à Lagny, ensuite par les voies ferrées. M. Babron devait empêcher les autres troupes de venir prendre la place du bataillon. Quatre officiers de vaisseau, malades, restèrent avec lui, mais ne furent chargés d'aucun service. Dès le 7, il mena au Mans les plus malades de ses hommes, et le lendemain, un des officiers atteint de la scarlatine.

Dans la nuit du 7 au 8 janvier, le bataillon, qui venait d'être attaché momentanément à la division Rousseau (1re du 21e corps), et qui n'avait pu aller jusqu'à la Ferté-Bernard, eut à lutter à Connerré et à Thorigné contre les forces allemandes. La 1re et la 4e compagnie entrèrent dans le village de Thorigné qu'occupait l'ennemi; mais après avoir essayé de pénétrer plus avant, elles furent repoussées par les Prussiens, au nombre de plus de dix mille. Les marins souffrirent beaucoup mais se conduisirent admirablement. Voici, du reste, en quels termes le général Chanzy s'exprime à l'égard du 5e bataillon dans son ouvrage intitulé : *Deuxième armée de la Loire*, 2e édition, p. 291 : « A la nuit tombante, les fusiliers marins et le 19e de ligne, qui gardaient la barricade de La Touche-de-Veau, à l'intersection de la route de Connerré au Breil et de celle de Thorigné à Soulitré, tentent une attaque contre Thorigné. Un ordre qui ne parvient pas à temps aux troupes de renfort, fait échouer cette opération, malgré le courage et le dévouement des marins qui parviennent néanmoins à se dégager en ramenant leurs blessés. A 9 heures du soir, l'ennemi se présente à son tour par la route de la Ferté et ne peut en déloger le 5e fusiliers marins qui la garde. »

Le 10, dans la journée, quand arriva à la Fontaine-Saint-Martin un renfort de 50 hommes expédié de Brest, les officiers restés dans le cantonnement pensèrent qu'il y avait lieu de prendre les ordres du général Jaurès, d'autant plus que le canon s'entendait à une très-petite distance. Toute la journé du 10, le détachement se tint prêt à repousser une attaque. Le soir, l'enseigne de vaisseau de Ploësquellec, se sentant un peu mieux, alla avec l'aide-commissaire Babron exposer la situation au quartier-général.

Le 11, le détachement venu de Brest reçut l'ordre de se diriger sur Montfort avec ce qui pouvait rester de la petite troupe laissée dans le cantonnement par le commandant Sarlat. Cette petite troupe, forte de 80 hommes, équivalait à peu près, en ce moment, à une compagnie, car l'effectif des compagnies était descendu, depuis la fin de novembre, de

120 ou 130 hommes à 100 et même à 80. L'ordre, aussitôt reçu, fut exécuté. Le lieutenant de vaisseau Martin, capitaine adjudant-major, bien qu'encore souffrant, prit le commandement. Le lieutenant de vaisseau Clute et l'enseigne de vaisseau de Ploësquellec se placèrent sous ses ordres. Le détachement partit emmenant deux voitures de bagages, la caisse et la comptabilité du bataillon.

Arrivé à Yvré-l'Évêque, où l'on se battait, le commandant Martin prescrivit à l'aide-commissaire Babron de retourner avec les bagages à la Fontaine-Saint-Martin où il agirait selon les événements.

Le 11 au soir, le bataillon se battit à Montfort et à Pont-de-Gennes. L'enseigne de vaisseau Lacourné et le commandant Martin furent blessés ; ce dernier l'était mortellement ; il succomba le 18 janvier. Le détachement que l'aide-commissaire Babron avait eu quelques heures sous ses ordres avait pris part à l'action.

Le 12, l'aide-commissaire Babron entrait au Mans derrière une batterie d'artillerie avec le convoi du 21e corps, lorsqu'il fut surpris par les Allemands dans la rue des Maillets. Une partie du convoi, des armes et de l'artillerie restèrent aux mains de l'ennemi. Malgré ses efforts, renouvelés à trois reprises, il fut obligé d'abandonner les bagages, la caisse et la comptabilité du bataillon. Entouré par les Prussiens, il ne put leur échapper qu'en s'abritant, ainsi que trois marins, derrière des voitures et des bestiaux. Un médecin de 2e classe, un infirmier et cinq marins sur huit qui étaient avec lui furent pris à ses côtés. Il réussit à gagner dans la soirée les lignes françaises avec quarante chasseurs à pied et deux marins. Il avait déjà expédié le troisième pour sauver deux chevaux du bataillon. Suivant à peu près la même ligne de retraite que son bataillon par Sargé, La Guerche, Beaumont-sur-

Sarthe, Segré, il ne put, néanmoins, l'atteindre que le 14 au matin, après avoir fait plus de 40 kilomètres presque sans prendre de repos. L'accueil qu'il reçut du commandant, de l'état-major et des marins, fut une véritable ovation à laquelle se joignirent plus tard les félicitations du ministre, pour la conduite qu'il avait tenue le 12, en maintenant au feu, pendant plus d'une heure et demie, quelques soldats postés en tirailleurs.

Du 14 janvier au 24 mars, jour de son arrivée à Versailles, le 5e bataillon ne participa à aucune action. Le temps se passa en marches, contre-marches et séjours dans différentes villes. Dès qu'il fut arrivé à Versailles, il fut décidé qu'il serait dissous et formerait avec le 3e, le 4e et le 6e bataillons de Cherbourg, provenant de l'armée du général Chanzy, le 2e régiment de marins fusiliers. Le 1er avril, ce régiment était constitué, et le 5e bataillon qui, par suite de congédiements, ne présentait plus guère qu'un effectif de 200 hommes, en forma le 1er bataillon avec le 4e de Cherbourg. Le 1er bataillon, confié au commandant Sarlat, fit partie du 2e régiment commandé par le capitaine de frégate Michaud, du port de Toulon, et faisant partie lui-même de la division Bruat (1re brigade Bernard de Seigneuries).

C'est à la 1re brigade, et en particulier au 2e régiment, que l'on doit d'avoir battu les insurgés, le 2 avril, à Courbevoie. Le régiment est entré à Paris avec l'armée de Versailles, le premier bataillon par la porte d'Auteuil, le second par la porte de Saint-Cloud, dans la soirée du 21 et dans la nuit du 21 au 22 mai. Le bataillon a participé, le 24 mai, à la prise de la barricade du carrefour de Bucy et à différents combats, soit en totalité, soit en partie. Mais comme le plus souvent les compagnies n'étaient pas réunies, il faudrait, pour préciser leur part d'action res-

6

pective, entrer dans de trop longs détails, dont nous ne possédons d'ailleurs pas les éléments.

Le capitaine de frégate Michaud, qui s'était déjà signalé par son intrépidité, le 15 janvier 1871, à Sillé-le-Guillaume (Sarthe), et avait été promu officier de la Légion d'honneur à l'armée de la Loire, n'en déploya pas une non moins grande lors de l'entrée du 2e régiment dans Paris. Très-grièvement blessé le 25 mai, au Jardin-des-Plantes, il fut promu le même jour capitaine de vaisseau, grade dans lequel il continue d'appartenir au port de Toulon.

FLOTTILLE DE LA SEINE[1]

Commandée par M. le capitaine de vaisseau THOMASSET

Cette flottille se composait de :

1° Cinq batteries flottantes blindées portant 2 canons de 0,14c rayés, commandées par les lieutenants de vaisseau Ducampe de Rosamel, Manescau, Pougin de Maisonneuve, Chopart et Rocomaure.

---

(1) Bien que l'ouvrage de M. le vice-amiral de La Roncière-le-Noury parle du concours de la flottille de la Seine à la défense de la ville et des forts de Paris, il nous a semblé utile de condenser ici, au moyen du journal qu'a bien voulu nous communiquer M. le contre-amiral Thomasset, la participation de cette flottille.

2° Huit canonnières portant un canon de 0,16^{c} rayé, commandées par les lieutenants de vaisseau Farcy, Forestier, de Latour du Pin, Scias, Petit, Augey-Dufresse, et de Montpézat

3° La chaloupe *Farcy*, portant un canon de 0,14^{c} rayé, annexe de la canonnière commandée par cet officier.

4° Six chaloupes vedettes portant un canon de 0,12^{c}, achetées à M. Claparède et formant deux groupes de trois, commandés l'un par le lieutenant de vaisseau Chauvin, l'autre par le lieutenant de vaisseau Weil.

5° La *Puebla*, yacht impérial, sans armement, portant le pavillon du commandant en chef.

6° Cinq canots à vapeur pour porter les ordres.

7° Un bateau poudrière, deux bateaux charbonniers, un magasin de vivres et de matériel.

ÉTAT-MAJOR GÉNÉRAL.

MM. Thomasset, capitaine de vaisseau, nommé le 21 août 1870 au commandement en chef de la flottille ;

M. Goux, capitaine de frégate, commandant en second ;

M. Rieunier, capitaine de frégate, chef d'état-major ;

M. Saleta, lieutenant de vaisseau, aide-de-camp ;

M Lecomte, attaché à l'état-major en qualité d'élève. —Etant élève de 2e classe, M. Lecomte avait autrefois donné sa démission ; au moment de la guerre, il a été autorisé à reprendre du service dans son grade, et, à la paix, il est rentré dans la vie privée ;

M. Joyaut de Couesnongle, sous-commissaire, faisant fonction de commissaire de division ;

M. Noury, médecin de 1re classe, médecin de 3e classe ;

M. Courme, mécanicien principal ;

M. Badin, aide-commissaire, détaché de l'administration centrale.

Du moment que les Prussiens pouvaient mettre le siége devant Paris, et le cerner complètement, le rôle de la flottille était tout tracé et tel d'ailleurs que son commandant l'avait indiqué dans ses premières lettres au ministre de la marine et au gouverneur de Paris.

Comme rôle défensif, elle avait à préserver la capitale de toute tentative sur la rivière. En amont, il y avait lieu de protéger les barrages établis par le service des ponts et chaussées pour arrêter les brûlots qui étaient à redouter, ou la grande agglomération, en dedans des fortifications, de tous les bâtiments qui étaient venus pour approvisionner la ville et chercher un refuge. La protection des ponts de bateaux destinés à mettre Ivry et Créteil en communication entrait également dans son rôle. En aval, elle devait défendre l'occupation des îles Billancourt, St-Germain et s'opposer à des passages entre Sèvres et Boulogne.

Comme rôle offensif, elle appuierait toutes les opérations de not e armée, si elle se portait à l'extérieur, le long des rives de la Seine ; battre, des points où la défense ne pouvait pas placer d'artillerie, les batteries ennemies en position contre la ville, etc.

Ce double programme obligeait à laisser la flottille maitresse de ses mouvements et à ne la faire relever, pour les mouvements généraux, que du gouverneur de Paris. Ce fut bien établi dès le début, et le général Trochu dit au commandant en chef : « Vous serez avisé de tous nos mouvements ; prêtez-nous votre meilleur concours. »

La flottille a été montée et armée à Saint-Denis, dans l'usine de M. Claparède, sous la surveillance de MM. Goux et Courme. Cette opération fut menée aussi rapidement que le permettait l'arrivée des tranches retenues souvent dans les gares voisines de Paris, à cause de l'encombrement des voies ferrées, et aussi parce que l'usine avait de nombreux travaux à exécuter. Cependant, dès la fin d'août, les bâtiments commençaient à venir prendre leurs postes devant Saint-Cloud, quartier général provisoire de la flottille. Pendant ce temps, les équipages, à mesure qu'ils arrivaient des ports, étaient casernés à Sèvres, et l'on s'occupait de leur armement ainsi que de leur instruction militaire. Des mesures étaient prises pour assurer le service médical, pour créer, et sur le fleuve, et sur divers points à terre, des magasins de vivres, pour établir une poudrière, des dépôts de charbon, enfin pour pourvoir à toutes les nécessités qui pourraient surgir.

Aussitôt que les batteries-canonnières avaient reçu leur armement complet, elles faisaient sur la Seine quelques évolutions pour familiariser les officiers ainsi que les hommes de barre avec des manœuvres qui ne laissaient pas d'être assez délicates près des ponts avec certains bâtiments de la flotille qui n'avaient qu'une vîtesse très-restreinte. Les officiers reconnaissaient sur de petites embarcations et sur le *Puebla*, qui portait le pavillon du commandant en chef, les points de la Seine où pouvaient se passer les opérations militaires. Tous les bâtiments recevaient les modifications reconnues nécessaires ; le pont des batteries flottantes était recouvert de sacs à terre ; l'avant des canonnières était défendu par des tôles volantes et des sacs à terre. Enfin au moment où l'investissement de Paris eu lieu, la flottille était organisée.

Dès le 9 septembre, une partie de la flottille batteries 1 et 3, canonnière *Rapière* et trois chaloupes vedettes étaient envoyées à Bercy, en dehors des fortifications. Cette partie, sous le commandement du capitaine de frégate Goux, avait la surveillance des avant-postes en amont. Jusqu'à nouvel ordre, les autres bâtiments resteraient mouillés à Saint-Cloud. Le quai de Javelle, entre Grenelle et le Point-du-Jour, fut le point choisi, en aval, pour le stationnement des navires, et comme quartier général. On établit sur le quai même un chantier de réparations des machines; les magasins flottants y furent conduits, la poudrière fut mouillée au Nord de l'île aux Cygnes, à l'abri, autant que possible, du feu de l'ennemi, s'il venait à occuper les hauteurs de Clamart.

13 septembre. — Ordre est donné à tous les bâtiments de se tenir toujours en branle-bas de combat; l'approche de l'ennemi est signalée.

14 septembre.— Les derniers bâtiments montés à Saint-Denis sont terminés. Cette opération a été conduite par le capitaine de frégate Goux avec une intelligence et une activité auxquelles on ne saurait donner trop d'éloges.

Vers cette époque, la flottille fournissait à M. de Kératry trois matelots déterminés qui acceptaient la difficile mission de communiquer avec l'armée du maréchal Bazaine. Promesse leur était faite d'être décorés s'ils échappaient à une mort presque certaine; leurs noms méritent d'être signalés : Quatrebœufs, sergent-fourrier, parvenu à s'échapper après avoir été plusieurs fois arrêté par les Prussiens ; il a, depuis, été décoré ; Donzella, gabier, Connin, quartier-maître canonnier. Le commandant Thomasset n'a jamais entendu parler de ces deux derniers depuis le jours où ils ont quitté la flottille.

Jusqu'au 19 septembre, jour où la flottille dut abandonner l'avant-poste de Saint-Cloud, le temps s'est passé à en bien compléter l'armement, à en assurer l'approvisionnement, et à achever l'instruction des capitaines auxquels d'ailleurs, vu l'éparpillement forcé des bateaux, le commandant en chef a toujours laissé une très-grande latitude.

A cette date, le premier coup de canon a été tiré par une des canonnières en vue du côté de Clamart.

Dès le 20, les vedettes faisaient, la nuit, des reconnaissances vers Sèvres et se mettaient en communication avec les troupes occupant la rive droite. A cette époque, Paris était à peine armé, la confiance n'était pas très-grande et l'on se préoccupait beaucoup d'un passage de vive force entre Billancourt et Sèvres. Les canonnières faisaient bonne garde pour prévenir de ce mouvement et empêcher l'établissement d'un pont de bateaux.

Le 21, les vedettes de la flottille appuyaient nos soldats, échangeant une vive fusillade avec les Prussiens établis à Brimborion et y travaillaient à élever des batteries de position.

Dans le courant du mois de septembre, un pont de bateaux avait été établi, un peu au-dessous du Point-du-Jour, pour permettre la communication entre les deux rives, en dehors des fortifications. Le gouvernement de la défense nationale décida que ce pont serait replié et conduit à Suresnes La flottille fut chargée de cette opération qui présentait bien quelques difficultés et aussi quelques dangers, car il fallait franchir l'espace qui s'étend du Bas-Meudon à Saint-Cloud, à petite portée de l'ennemi occupant la rive gauche, et passer les ponts de Sèvres et Saint-Cloud sous les arches, c'est-à-dire à trente mètres au plus.

Pendant la nuit du 22 au 23, la *Caronade*, capitaine Farcy, la *Bayonnette*, capitaine Forestier et deux vedettes, capitaine Hezel, se rendaient à Suresnes, éclairées par un bateau à vapeur, et non sans recevoir une très-vive fusillade. Elles devaient protéger l'établissement du pont de bateaux.

Le 23, à 5 h du matin, la *Claymore*, capitaine Augey-Dufresse, et le *Sabre*, capitaine Petit, avec le concours des soldats du génie, avaient replié le pont de bateaux et le remorquaient à Suresnes sous le feu de l'ennemi. Cette opération fut dirigée par M. Rieunier. Un matelot fut blessé.

La batterie n° 4, capitaine Pougin de Maisonneuve, descendait également à Suresnes où, seule, elle devait stationner pour aider le mouvement du général Ducrot, battre les travaux que l'ennemi commençait à Saint-Cloud et protéger le barrage mobile de Suresnes dont la destruction eût interdit à la flottille la navigation de la Seine, en raison de la baisse des eaux.

En rentrant à leurs postes les canonnières sont vivement attaquées devant le parc de Saint-Cloud. C'était la nuit. Leur mitraille fait taire le feu de l'ennemi qui éprouve des pertes sensibles. La *Claymore* s'échoue et peut être compromise; le *Sabre* la dégage bravement en la prenant à la remorque, tout en la couvrant de son feu ; deux marins sont blessés grièvement. Cette petite affaire inspire au commandant en chef la plus grande estime pour M. Petit, commandant de ce bâtiment, auquel le ministre, sur sa demande, confie plus tard le commandement plus important d'une batterie flottante.

24 septembre. — Un changement important a lieu dans l'organisation de la flottille. Il était reconnu que les canonnières ne pouvaient circuler que difficilement, vu leur grand tirant d'eau ; d'un autre côté, comme la défense sentait le besoin d'établir à terre, vis-à-vis les attaques prussiennes, des batteries de gros calibre, il fut décidé que six canonnières seraient désarmées ; que leurs six pièces de 0,16 armeraient une batterie projetée au Point-du-Jour, et que, de plus, un détachement de

matelots commandé par M. Augey-Dufresse, irait servir les pièces de marine au fort de Vanves. La batterie du Point-du-Jour, qui prit le nom de batterie de la flotte, fut construite sous l'habile direction de M. Goux et placée sous son commandement. Le travail de nos marins a été admiré autant que la bravoure qu'ils ont déployée le jour où leur batterie a eu à supporter le violent feu de l'ennemi.

A partir de ce moment, comme les Prussiens travaillaient activement et se montraient en grand nombre à Sèvres, Brimborion, Bellevue, Meudon, la flottille les inquiétait le plus possible par un tir irrégulier partant de ses bateaux placés dans les endroits qui permettaient d'avoir bonne vue sur l'ennemi : nos marins, débarqués toutes les nuits dans les îles Billancourt et Saint-Germain blessaient souvent des factionnaires prussiens du Bas-Meudon. Ils mettaient fréquemment à terre de petites pièces de 4 qui gênaient beaucoup l'ennemi dont les postes avancés étaient tout au plus à 200 mètres de ces batteries volantes.

28 septembre. — La flottille appuie de son feu les troupes opérant le déboisement de Billancourt. Ses pertes sont insignifiantes.

29 septembre. — Dans la nuit, hardi coup de main du maître canonnier de la batterie n° 3, capitaine Chopart. Couvert d'une botte de paille et accompagné de deux marins, il enlève aux Prussiens un youyou que la flottille avait perdu précédemment, le reprend et le ramène avec une autre embarcation.

30 septembre, — Appui vigoureux prêté par les batteries et vedettes de la flottille à une fausse attaque dirigée par nos troupes sur les positions ennemies du Bas-Meudon.

Les communications de la flottille sont fréquentes avec le général Ducrot dont elle doit seconder tous les mouvements. Il a toujours à sa disposition une batterie flottante qui, de Suresnes, bat avantageusement Saint-Cloud, tandis que, de Billancourt, la flottille a vue sur toutes les autres positions. Rien ne se passe encore dans le haut de la rivière que le commandant en chef Thomasset a dégarni en conséquence. Il avait pris les mesures les plus strictes pour arrêter toute circulation de la rivière, et réussi à couper les communications, non sans danger toutefois pour nos marins, car souvent, la nuit, les factionnaires français des deux rives tiraient sur nos embarcations, heureusement avec maladresse.

L'abaissement du niveau de la Seine au-dessous de Port-à-l'Anglais avait souvent été regretté ; des ordres furent donnés dans le commencement d'octobre pour que le barrage de cette écluse fût relevé. L'officier, placé à Bercy, reçut l'ordre de se préparer à appuyer, en amont, dès que le niveau serait bon, les opérations du général Vinoy qui commandait devant Choisy-le-Roy.

En bas de la rivière, la flottille harcelait constamment les positions ennemies, et protégeait, par des tirs rapides, les mouvements de nos troupes sous les ordres du général Ducrot.

29 octobre. — Deux vedettes, sous le commandement de MM. Forestier et Chauvin poussent une reconnaissance hardie, au-dessous de l'écluse du Port-à-l'Anglais, jusqu'à 200 mètres de Choisy-le-Roy, pour reconnaître les travaux des Prussiens. Elles sont accueillies par une très-vive fusillade partant des deux rives, et malgré les obus des batteries de Thiais, elles peuvent terminer leurs opérations et rapporter de très-utiles renseignements.

Novembre. — Tout ce mois a été employé par le gouvernement de la défense nationale à préparer la grande sortie de Champigny, à choisir les points et à établir des batteries de position pouvant combattre les batteries prussiennes et protéger nos troupes qui devaient agir du côté de Montmesly. La Marne est étudiée par les embarcations de la flottille et le canal mis en état de permettre à ses vedettes, ainsi qu'à lachaloupe, *Farcy* de remonter jusqu'à Créteil d'ou l'on a un très-bon tir sur Montmesly.

De nouveaux travaux furent exécutés sur la Seine, en amont de Port-à-l'Anglais (rive gauche), deux des batteries flottantes remontèrent jusqu'à ces avants-postes pour les flanquer.

Les meilleurs marins de la flottille, sous les ordres du capitaine de frégate Rieunier et la direction des ingénieurs des ponts et chaussées, étaient exercés à plier et à déplier des ponts de bateaux destinés au passage de l'armée sur la Marne. Dans cet exercice, comme dans les autres, ils acquirent rapidement les qualités nécessaires.

26 novembre. — La batterie flottante n° 4 se rend de Suresnes à Saint-Denis où elle doit appuyer les opérations du vice-amiral baron de La Roncière-le-Noury.

27 novembre. — La chaloupe *Farcy* entre dans la Marne avec une vedette et un canot à vapeur.

La flottille ne garde à Billancourt qu'une batterie et deux vedettes. Tous les autres bâtiments remontent à Port-à-l'Anglais pour prendre part aux opérations projetées. Elle a en conséquence sur ce point pour le 29 : les batteries 3, 5, les canonnières *Estoc* et *Escopette*, la batterie 2, et trois vedettes, le *Puebla*, portant le pavillon de commandement, et quelques canots à vapeur.

C'était le 29 novembre que devait avoir lieu la grande sortie sous les ordres du général Ducrot. L'histoire de la bataille de Champigny a été si souvent écrite qu'il est inutile de la raconter de nouveau. De très-sages mesures avaient été prises ; mais, suivant les esprits sérieux, le résultat ne devait pas répondre aux efforts tentés. Du moment que nos armées, battues en province, ne pouvaient s'approcher de Paris et ouvrir à l'armée qui sortait de la ville assiégée, une communication lui permettant de se ravitailler, cette armée était condamnée, même dans le cas d'un succès, à ne pouvoir continuer ses opérations, et à être exposée sous peu de jours à se rendre fatalement, faute des ressources les plus indispensables. La sortie du 29 fut impossible ; une crue subite de la Marne empêcha l'établissement des ponts. Mais les ordres étaient donnés et les démonstrations sur les autres points eurent lieu, les contre-ordres n'étant pas arrivés à temps. Devant Choisy, le contre-amiral Pothuau enlevait vigoureusement, le matin, la Gare-aux-Bœufs, et la flottille s'associait à ces mouvements en couvrant de feux les batteries de Thiais et de Choisy. Les vedettes s'avançaient malgré la fusillade des deux rives, et engageaient un violent combat d'artillerie avec une batterie prussienne.

Le 30, la bataille était engagée sur toute la ligne. Le matin, les vedettes de la flottille, appuyées par les batteries flottantes, s'avançaient jusqu'à 300 mètres de Choisy. Pendant ce temps, ses obus gênaient les Prussiens défendant les hauteurs de Montmesly. Nul doute que si ces positions avaient été prises, et que nos troupes se fussent emparées de Choisy, la flottille eût pu montrer sa véritable valeur. Mais le soir, il lui fallut se retirer, et ses bâtiments qui avaient passé la journée en extrême avant-poste, couverts de mitraille et de balles, durent aussi se replier jusqu'aux redoutes les plus avancées. Cette journée fit honneur à la flottille et les vedettes portaient de nombreuses traces d'éclats de projectiles. Dans la Marne également, la canonnière *Farcy* et la vedette n° 6 secondèrent puissamment, par leur artillerie, les mouvements de l'armée. Mais la marche des armées s'étant arrêtée, les bâtiments ne purent jouer le rôle auquel aspirait le dévouement de tous. Le ministre reconnut ce dévouement en accordant toutes les récompenses demandées par le commandant en chef. M. de Rosamel (batterie 5), nommé capitaine de frégate, remplaça à la batterie du Point-du-Jour M. Goux que le commandant en chef chargea de commander devant Choisy-le-Roy les opérations dont l'importance semblait s'accroître de jour en jour. MM. Manescau (batterie n° 2) et Chauvin, capitaines des vedettes, furent faits officiers de la Légion d'honneur. Nos matelots si dévoués, si remarquables partout, reçurent également de nombreuses marques de la bienveillance du ministère.

Du moment que le mouvement en avant du côté de Champigny était devenu impossible, les petits bâtiments n'avaient plus de services à rendre dans la Marne. Le 8 décembre, ils recevaient l'ordre d'aller renforcer la division de Port-à-l'Anglais. D'ailleurs, comme les grands froids commençaient, il eût été impossible d'exposer ces petits navires à être pris par les premières glaces au passage de Créteil, où ils se seraient trouvés sans défense. D'un autre côté, nos avant-postes devant Choisy n'avaient que la flottille pour les protéger efficacement. Des points qu'elle occupait sur la Seine, elle battait toute la plaine qui séparait nos tranchées de Vitry de celles de l'ennemi; elle battait également les coteaux de Thiais, Choisy-le-Roy et la rive droite de la Seine de Choisy au carrefour Pompadour. Tout en ménageant ses projectiles, elle inquiétait sérieusement les Prussiens occupant tout le village de Choisy. Aussi commençaient-ils à essayer, mais sans succès, des torpilles flottantes. Nos bâtiments redoublèrent de vigilance, et par surcroît de précautions, le commandant en chef adjoignit à ses divisions quelques petits canots plats de la Seine pour opérer en avant une surveillance active.

Le vice-amiral de La Roncière le Noury, qui commandait à Saint-Denis, avait déjà une des batteries flottantes. Le 12 décembre, le commandant en chef lui expédia en renfort la batterie n° 1, capitaine Rocomaure, qui franchit sous le feu de l'ennemi la partie de la Seine comprise entre Meudon et Suresnes. Elle était escortée par une vedette placée sous les ordres de M. Saleta. La solidité de ces deux officiers laissait le commandant en chef sans inquiétude sur le résultat de l'opération.

Vers cette époque, la navigation sur la Seine devenait très-difficile. Les petits bâtiments, et particulièrement les batteries, ne pouvaient dominer le courant, surtout sous les ponts. Il fallait les faire remorquer par les canonnières. Une des vedettes, tombée en travers en appareillant, ne put se relever du pont de Billancourt ; en quelques instants elle sombra, et, malgré les secours les plus prompts et les plus intelligents, on eut à regretter la perte d'un des matelots de cette embarcation. Toutefois, la flottille avait d'excellents pilotes dont plusieurs se firent remarquer par leur attitude au feu.

L'hiver se faisait de plus en plus rude, la Seine charriait et rendait la navigation difficile ; la flottille ne pouvait cependant, malgré le danger d'être prise dans les glaces, abandonner ses positions d'avant-postes. Les instructions les plus précises furent données à tous les capitaines pour parer à toutes les éventualités. Des dispositions furent prises pour couler ou mettre hors d'état de service les bâtiments exposés, dans les glaces, à être pris par l'ennemi, si nos lignes venaient à être forcées. Le pont de bateaux établi par les Prussiens à Choisy-le-Roy, ayant été emporté par la débâcle, détruisit celui de la flottille à Port-à-l'Anglais, et les bateaux en dérive, arrêtés au pont de Charenton, amenèrent une prise complète entre ce dernier point et Choisy. Les canonnières, les vedettes et les batteries étaient prisonnières et très-exposées. Comme l'on pouvait craindre pour leur sort, il fallait à tout prix les dégager. On y parvint en faisant un chenal de près de deux kilomètres dans des glaces ayant au moins un mètre d'épaisseur. Malgré les difficultés de l'opération nos marins en vinrent à bout, grâce au concours dévoué de la compagnie des *Mouches* et de son personnel, gracieusement mis à la disposition du commandant en chef, par M. Chaize, dont le dévouement ne s'est jamais ralenti et qui n'a cessé de rendre les plus grands services à la défense. L'emploi de la dynamite a joué un très-grand rôle dans ces travaux de rupture de la glace. Une bouteille placée dans un trou pratiqué dans la glace, en faisant explosion, désagrégeait les blocs jusqu'à une distance de 30 à 40 mètres, et une *Mouche* marchant à toute vapeur venait dégager une nouvelle partie du chenal.

Pendant que la flottille était ainsi momentanément désarmée dans le haut de la rivière, les Prussiens commençaient à ouvrir sur la capitale le feu de leurs grosses batteries de position. Prévenu du moment où ils allaient bombarder, le commandant en chef avait déplacé ceux de ses bâtiments qui, depuis le commencement du siége, tenaient les avant-postes de Billancourt. Bien lui en prit, car la rive, le long de l'île, fut le premier jour couverte de projectiles. La batterie Manescau s'associa, le 5 janvier, au tir de nos remparts. La batterie de la flottille fut, pendant tout le bombardement, violemment attaquée ; nos marins s'y montrèrent, comme partout, courageux et habiles artilleurs ; mais à partir du moment où le cercle des Prussiens se reformant, la flottille n'allait plus opérer à l'extérieur, le rôle des bâtiments était bien annihilé ; ils n'étaient plus que de l'artillerie placée dans de plus mauvaises conditions que sur les remparts.

M. Augey-Dufresse, avec les matelots de la flottille, se distinguait, de son côté, au fort de Vanves, criblé de projectiles par les batteries de Châtillon.

Le 16 janvier les bâtiments étaient débloqués en amont et ils reprenaient des postes de soutien pour nos redoutes de Port-à-l'Anglais.

Les deux batteries Rocomaure et Pougin de Maisonneuve, placées sous les ordres du vice-amiral de La Roncière le Noury, avaient pris à Saint-Denis une part glorieuse aux opérations de l'armée.

Quand l'armistice fut proclamé, malgré les fatigues d'un long siége et d'un hiver rigoureux, tous les équipages de la flottille étaient animés du meilleur esprit. L'état sanitaire y était excellent grâce à la sollicitude de l'administration qui avait mis tous ses soins à assurer le bien-être matériel des hommes.

Des récompenses bien justifiées furent décernées par le ministre aux officiers et aux équipages.

M. le capitaine de vaisseau Thomasset fut promu contre-amiral, le 23 janvier 1871.

MM. les lieutenants de vaisseau Augey-Dufresse, de la Tour du Pin, de Rosamel et de Montpezat furent faits capitaines de frégate.

MM. les lieutenants de vaisseau Manescau, Chauvin, Chopart, Petit, Farcy, Rocomaure, Pougin de Maisonneuve, Saleta et Scias furent promus officiers de la Légion d'honneur.

M. Weiss, premier maître mécanicien, fut nommé mécanicien principal.

De nombreuses nominations et décorations accordées aux équipages attestèrent aussi le prix que le gouvernement attachait aux services de la flottille.

FLOTTILLE DE LA BASSE SEINE

Commandée par M. le capitaine de vaisseau MOUCHEZ

Dans les premiers jours d'octobre 1870, la population havraise, mécontente de la lenteur avec laquelle l'autorité militaire locale procédait à l'exécution des travaux de la place, et animée d'un ardent patriotisme, demanda officiellement au gouvernement et obtint que le commandement de la ville et de l'état de siége fût confié au commandant de la station navale de la basse Seine.

Le 18 octobre, le capitaine de vaisseau Mouchez fut nommé commandant supérieur des forces de terre et de mer au Havre. Dès le lendemain, 400 officiers et marins de la flottille étaient envoyés aux travaux de fortifications, pour élever des batteries, creuser les tranchées et procéder à leur armement. L'admirable dévouement de nos matelots, l'habile direction de leurs officiers, l'ardeur de tous au travail firent promptement renaître une grande confiance dans la ville qui offrit spontanément de partager le service militaire et celui des corvées aux tranchées. Les bataillons de la garde nationale y vinrent travailler tour à tour, remplaçant ainsi les ouvriers civils que le manque de crédits ne permettait pas d'employer en assez grand nombre. Trois cents anciens marins, recrutés par le capitaine Libert, parmi les marins et les officiers du port, apportèrent leur précieux concours pour l'armement des forts.

En un mois, la première ligne de défense était terminée et armée de 150 canons de la flottille et des batteries d'école, de gros calibre et prêts à faire feu. Vivement impressionnée des résultats obtenus au Havre, la ville de Rouen voulut suivre son exemple.

Le 19 novembre, le commandant Mouchez fut nommé au commandement supérieur de la subdivision pour faire les mêmes travaux autour de Rouen.

Les premiers coups de pioche furent donnés le 22 novembre. Mais la capitulation de Metz permit aux Prussiens de diriger sur la Normandie un corps d'armée de 60,000 hommes et 100 canons, que le général Manteuffel amena devant Rouen du 1er au 2 décembre.

Depuis deux mois, nul préparatif de défense n'avait été fait dans le département de la Seine-Inférieure, ni sous le rapport de l'armée, ni sous celui des fortifications. Quelques milliers de mobiles disséminés sur les limites du département étaient toute la force régulière disponible.

Pendant les journées du 3 et du 4 décembre, on fit converger sur Buchy, en avant de Rouen, une multitude de mobiles et de mobilisés arrivant dans le plus grand désordre de tous les points du département. Une semblable cohue, subitement accumulée devant l'armée allemande, ne pouvait retarder d'une heure l'occupation de Rouen.

Le 5, au matin, le général Briant donna l'ordre d'évacuation et de retraite sur le Havre par la seule route encore libre de la rive gauche et de Honfleur. 25,000 hommes et un matériel de guerre assez considérable arrivèrent dans ce port, le 6 et le 7 décembre, poursuivis de près par l'ennemi, et furent transportés dans trois ou quatre marées au Havre, grâce à l'extrême dévouement et à l'intelligente activité de tous les agents de la marine et principalement de M. le commandant Rallier, du Havre.

En arrivant au Havre, le général Briant trouva l'ordre de se rendre à Cherbourg avec une partie des troupes, et le commandant Mouchez fut nommé, par intérim, au commandement de la 2e division militaire

Du 8 au 14 décembre, l'armée allemande vint investir le Havre et étudier nos positions. Après quelques jours d'observation et d'engagements sans importance, l'ennemi, reconnaissant sans doute l'impossibilité de prendre la ville de vive force ou sans un siége en règle, se retira sur Rouen. Délivré des préoccupations d'un siége à soutenir, le général Mouchez appliqua tous ses efforts à mettre un peu d'organisation parmi les 35,000 hommes subitement agglomérés dans le Havre. Mais ces troupes, composées en totalité de nouvelles recrues, absolument ignorantes des premiers éléments de l'art militaire, ou de corps francs fort indisciplinés, présentaient un désordre indescriptible. Elles manquaient de tout, principalement d'officiers pour les commander, d'intendance pour les nourrir et les habiller. Il n'y avait, en effet, parmi ces 35,000 hommes, que trois officiers supérieurs de l'armée régulière, un lieutenant-colonel de hussards et trois chefs de bataillon d'infanterie nouvellement promus. Quant à l'intendance, elle était déplorablement organisée et dirigée. Le ministère de la guerre avait eu le tort de correspondre officieusement avec des agents civils irresponsables, tels que des ingénieurs des ponts et chaussées et des secrétaires de préfectures. Aussi était-il mal renseigné sur la situation, et croyait sans doute que le général Mouchez était à la tête d'une armée véritable ; il lui envoya des ordres de marche d'une exécution impossible, et qui n'eurent d'autre effet que de contribuer à retarder l'organisation de l'armée et de provoquer quelques troubles dans la ville.

Cependant, dès le 18, malgré l'avis unanime du comité militaire, le général Mouchez fit sortir un premier corps de 8,000 hommes à peu près en état de tenir campagne. Son but était de préserver les villes si importantes de Bolbec et de Lillebonne en portant cette colonne mobile à 15 ou 20,000 hommes à mesure que se serait avancée l'organisation de ses diverses troupes. Mais le général Pelletingeas qui fut nommé, à la fin de décembre, au commandement de ce petit corps d'armée et qui remplaça le 30, le général Mouchez, fit rentrer toutes les troupes au Havre, le 3 janvier, alléguant que la ligne qu'elles occupaient n'était pas défendable et qu'elles pouvaient être tournées par le Nord, bien qu'aucun corps ennemi de plus de 2 à 3,000 hommes ne fût signalé dans les environs. Aux observations du général Mouchez il répondit qu'il ne devait recevoir d'ordres que du ministre de la guerre. Bientôt après arrivèrent les généraux Lozel et Berthe ; depuis lors aucune troupe ne sortit du Havre. Bolbec, Lillebonne et tout l'arrondissement furent abandonnés aux déprédations de l'ennemi, et le viaduc de Merville fut détruit. Les généraux ne s'occupaient que de l'embrigadement des troupes et de la formation des équipages du train à l'aide d'un système régulier de réquisitions que le général Mouchez, malgré ses demandes réitérées, n'avait pas été autorisé à appliquer.

Le département n'était parcouru que par de petites colonnes de 1,000 à 1,200 hommes, fantassins et hulans ; il eût été facile de les arrêter avec les 10,000 hommes que le général Mouchez avait établis dans de bonnes positions, entre Goderville et Bolbec, mais le général Lozel ayant pris le commandement en chef de l'armée du Havre, eut seul la direction et la responsabilité des opérations. Le commandant Mouchez resta commandant supérieur de la flottille et de la place du Havre où le décousu des ordres supérieurs et l'insuffisance de ses pouvoirs le réduisirent à une désespérante impuissance lorsqu'après la retraite de l'ennemi, il s'agit de reprendre l'offensive. Pour approvisionner, armer, équiper 35,000 recrues et en former promptement une armée capable de tenir campagne, il lui aurait fallu l'autorité la plus absolue, nécessaire, en temps de guerre, aux chefs militaires responsables. Quand ses troupes manquaient de tout, dans une saison aussi rigoureuse, il lui eût été bien facile, à l'aide des ressources que lui offraient le Havre et les grandes villes maritimes avec lesquelles il était en relation directe, de se procurer instantanément tout ce qui lui était nécessaire. Ce résultat n'était pas douteux. Un comité de négociants les plus honorables du Havre lui avait spontanément offert son concours désintéressé, et les propositions les plus avantageuses affluaient de tous côtés. Mais il fallait passer par la filière administrative d'agents incapables ou impuissants, plus préoccupés d'assimilations de galons que du salut du pays, et qui, faute de relations et d'entente commerciale, étaient forcés de s'adresser le plus souvent à des fournisseurs véreux. Il en est résulté que, presque toujours, on a manqué de tout et que l'on ne recevait que des objets de qualité détestable et à des prix ruineux pour l'Etat. Mêmes déboires sous le rapport de la discipline. Les cours martiales, dont le général Mouchez avait plusieurs fois changé le personnel, étaient plus indulgentes même que les autorités, appuyées qu'elles étaient par la mansuétude hors de saison des habitants, même les plus notables, qui, après s'être plaints ostensiblement des graves désordres de certains bandits habillés en francs-tireurs, entravaient l'action de la justice, et sollicitaient la grâce de voleurs et d'espions qu'un général pourvu de l'autorité suffisante aurait fait fusiller immédiatement après la constatation du délit. Cette justice sommaire, que la situation rendait nécessaire, aurait prévenu bien des désordres et relevé le sens moral très-affaibli, notamment dans les campagnes dont les habitants ne rougissaient ni de pactiser avec les pillards, ni même d'aller offrir leurs services à l'ennemi.

A la fin de janvier, l'armistice ayant abandonné aux Allemands tout le département excepté le Havre, l'ennemi se trouva ainsi maître de positions qui n'avaient jamais été même visitées par ses coureurs.

Pendant ce rude hiver, la flottille rendit les plus grands services et s'acquitta des missions les plus pénibles. Elle fit des croisières sur la côte pour maintenir le blocus et des excursions continuelles dans le fleuve, malgré le mascaret et les glaces, pour empêcher l'ennemi de s'établir sur la rive et de communiquer d'une côte à l'autre. Elle inquiéta tellement les Prussiens que, pour se mettre à l'abri de ces excursions, ils s'emparèrent de cinq navires de commerce anglais mouillés à Rouen et les coulèrent à Duclair pour barrer le passage à la flottille, et qu'au moyen de torpilles, ils achevèrent d'obstruer le fleuve. De fréquents engagements eurent lieu entre Caudebec et Duclair. Dans l'un deux, l'*Oriflamme* eut un homme tué et plusieurs blessés ; mais la crainte de nuire aux populations riveraines paralysa parfois l'action des canonnières.

Depuis l'arrivée des généraux qui prirent le commandement des troupes, et les firent rentrer dans l'intérieur de nos lignes, le département ayant été complétement abandonné à l'ennemi, les communications télégraphiques par Bolbec avec le reste de la France furent coupées, et ce fut avec l'aide des canonnières que, malgré le mauvais temps et les glaces, le service fut rétabli entre le Havre et Honfleur. Ce service était très-important, car c'est par cette voie que le gouvernement recevait ses dépêches de l'Angleterre. Lorsque la flottille quitta le Havre, au commencement de mars, elle et son brave commandant reçurent des autorités et de la population havraises les témoignages les plus flatteurs et les plus mérités de sympathie et de reconnaissance. Elle s'éloigna avec la conscience d'avoir rempli son devoir et d'avoir fait honneur à la marine en contribuant, pour une forte part, à conserver l'importante place maritime qu'elle avait reçu pour mission de défendre. L'unique exemple dans cette guerre désastreuse, d'une forte armée allemande venant investir une ville ardemment convoitée, et se retirant peu de jours après devant les préparatifs et l'attitude de la défense, est un fait dont la France conservera le souvenir et dont elle ne saurait être trop reconnaissante.

FLOTTILLE DE LA LOIRE

Commandée par M. le capitaine de vaisseau PROUHET

La division de canonnières composant la flottille réunie en Loire, du mois de décembre 1870 au mois de février 1871, sous le commandement supérieur de M. le capitaine de vaisseau Prouhet, faisant fonction de chef de division, ne prit et ne pouvait prendre part à aucun engagement, parce qu'il lui a été impossible de remonter le fleuve au-dessus de Nantes. Non seulement elles tiraient trop d'eau pour naviguer en Loire avec quelque sécurité, même en temps de crues, si bien que tous ceux qui avaient quelque pratique du fleuve refusaient obstinément de les faire remonter au-delà des ponts de Nantes; — non seulement une crue annoncée comme à peu près certaine par le service des ponts et chaussées, se changea en une baisse sensible à la suite du froid rigoureux qui sévit tout-à-coup, dès les premiers jours de décembre, mais encore, il arriva que, le 6 de ce mois, les quelques bâtiments qui avaient pu rallier le commandant Prouhet furent pris dans les glaces et immobilisés pendant quinze jours.

Il est vrai que, dans la composition primitive de la flottille de la Loire, on a pu voir figurer sur le papier quatre canots à vapeur, mais le commandant n'a jamais obtenu à leur égard d'informations précises. D'après les renseignements imparfaits qui lui parvenaient, ces canots auraient été dirigés sur Orléans par les voies ferrées au moment où parvenait, à Cherbourg, l'ordre qui chargeait du commandement de la flottille le commandant Prouhet, alors en croisière dans la Manche, sur la corvette le *Châteaurenault* (1). Cet ordre l'envoyait au port de Lorient

(1) Nous donnons ici la véritable orthographe de ce nom trop souvent mutilé. Châteaurenault, qui signait toujours ainsi, était né le 22 septembre 1637, à Châteaurenault, domaine de sa famille dans la partie du Blaisois qui confinait à la Touraine. Il mourut à Paris, le 15 novembre 1716.

pour y prendre la canonnière la *Mutine* qui devait porter son guidon, et avec laquelle il ne put atteindre Saint-Nazère que le 29 novembre à la nuit.

Ne trouvant ni à Saint-Nazaire ni à Nantes aucun renseignement sur le sort des quatre embarcations dont il s'agit, sauf la mention qui en était faite dans ses instructions en les rattachant à la flottille, il envoya immédiatement des plis de service à l'adresse de l'officier qui les commandait et dont le nom lui est resté inconnu. Ces plis restèrent sans réponse ce qui lui fut expliqué, peu de jours après, par la nouvelle de l'évacuation d'Orléans.

Ce sont ces quatre canots que les bulletins allemands ont transformés en canonnières prises sur la Loire. Les troupes ennemies en entrant à Orléans, ont dû éprouver d'autant moins de peine à s'emparer de ces canots que, d'après les indications de profondeur du fleuve, fournies par le service des ponts et chaussées, ils pouvaient peut-être trouver à Orléans, en quelques endroits, assez d'eau pour flotter, mais pas assez pour qu'ils pussent naviguer. Il a même été affirmé au commandant Prouhet qu'ils n'étaient pas tous à flot ; toutefois, il n'a eu sur ce point que des informations officieuses ; et lorsqu'il rendit compte au ministère de la marine du manque absolu de renseignements sur le sort de ces embarcations, on ne put lui donner aucun détail sur la façon dont elles étaient tombées au pouvoir de l'ennemi.

La flottille de la Loire n'a donc jamais été composée en réalité, que des bâtiments dont il va être question plus loin. Leur rôle n'a pas répondu, il est vrai, aux espérances qu'elles avaient fait concevoir, mais il est utile et juste de constater que là, comme partout, la marine a fait tout ce qu'elle pouvait dans l'intérêt de la défense nationale, et qu'elle ne s'est jamais arrêtée que devant des impossibilités absolues. C'est ce qu'établiront, une fois de plus, les détails dans lesquels nous allons entrer.

Les deux premières canonnières entrées en Loire, la *Mutine* et le *Flambeau*, arrivèrent à Nantes le 1er décembre. L'intention du commandant était de remonter immédiatement le fleuve, sans attendre les autres bâtiments, en leur laissant l'ordre de faire toutes diligences pour le rejoindre; il fallait toutefois, ainsi que le recommandaient ses instructions, prendre à Nantes les dispositions nécessaires pour assurer, dans tout le parcours du fleuve, le ravitaillement de la flottille, en combustibles, vivres et matières consommables; il fallait aussi prendre au même point les *pratiques* de la Loire qui devaient piloter les canonnières, et que les instructions représentaient comme prêts à remplir leur office. Le premier de ces deux objets fut bientôt rempli, grâce au concours de M. l'ordonnateur de la marine à Nantes; mais il n'en fut pas de même pour le second. Il n'y a pas de service de pilotage organisé au-dessus de Nantes : on ne peut avoir recours qu'aux mariniers habitués à la navigation du fleuve, en qualité de patrons des bateaux plats qui y sont employés. Or, ces hommes qui, satisfaits des bonnes conditions qui leur avaient été faites, étaient très-disposés à prêter leur concours, le refusèrent unanimement dès qu'ils eurent vu les bâtiments de la flottille auxquels il fallait bien près de deux mètres d'eau pour flotter, et dont les formes de carène, faites pour la mer, leur semblaient devoir augmenter d'une façon très-notable les dangers de la navigation du fleuve, en raison des brusques sinuosités du chenal. Le service des ponts et chaussées se mettait, il est vrai, avec empressement à la disposition du commandant; mais son service de baliseurs, fort bien organisé pour le service qu'il doit remplir, est étranger à la manœuvre des bâtiments, et ne peut dispenser de recourir aux marins pratiques du fleuve.

Il advint de ces difficultés qu'au lieu de pouvoir remonter avec les deux canonnières, dès le 2 décembre, comme l'avait prévu le commandant Prouhet, il dut se procurer un des légers bateaux à vapeur employés par le commerce pour la navigation de la Loire, afin d'aller lui-même, avec les pratiques les plus expérimentés, explorer le fleuve, à quelque distance de Nantes, avant d'y lancer les canonnières qui devaient, lui disait-on, s'y engraver promptement et sans espoir de retour, par l'action des cailloux que le fleuve roule en grand nombre, mêlés au sable et à la vase. Grâce à l'obligeance d'une grande maison de commerce représentant, à Nantes, la compagnie de Blanzy, le commandant Prouhet put, dès le 1 décembre, faire cette excursion.

Les craintes exprimées par les pilotes étaient assez fondées. Des sondages incessants faits avec des perches graduées le prouvèrent. Toutefois, il ne semblait pas impossible, si les eaux ne baissaient pas, de remonter un peu, en prenant de grandes précautions, et en faisant avant tout un nouveau balisage, celui qui existait, en temps ordinaire, étant établi en vue de bateaux ou chalands ne calant pas plus d'un mètre, et ne donnant aucun indice pour reconnaître le chenal de plus grande profondeur que les mariniers patrons ne devinent que par à peu près. Malgré leur habileté de coup d'œil, ils ne le saisissent pas toujours, et il serait, en effet, bien impossible de le faire avec quelque précision, car le tracé de cette ligne de plus grande profondeur du fleuve ressemble, par ses prodigieuses sinuosités, à la course d'une balle élastique lancée obliquement entre deux murailles anguleuses, se faisant face, mais n'ayant entre elles ni parallélisme ni ressemblance.

Quelque difficile que fût ce nouveau balisage. et bien qu'il demandât, à peine établi, à être sans cesse rectifié, puisque le lit du fleuve est changeant, le service des ponts et chaussées prit immédiatement ses dispositions pour y travailler dans la partie du fleuve comprise dans le département de la Loire-Inférieure, devant ensuite l'étendre plus haut, pendant que les canonnières chenaleraient dans cette première partie. Les glaces d'abord, les événements ensuite, firent différer l'exécution de ce travail qui, bientôt, n'eut plus de raison d'être.

Le 5 décembre, le commandant Prouhet fut rejoint par la canonnière le *Boute-Feu* et par deux chaloupes pontées, armées d'une pièce tournante du calibre de 14c/m. Ces dernières calant moins d'eau que les canonnières, étaient plus utilisables en Loire, bien qu'elles fussent dépourvues de moteur à vapeur, et nécessitassent par suite l'adjonction d'un remorqueur. Le commandant s'en étant procuré un les fit continuer à remonter la Loire dès le soir de leur arrivée. Dans la journée du lendemain, 6 décembre, après qu'elles eurent dépassé Ancenis, le grand nombre des glaces charriées par le fleuve indiqua clairement qu'il ne pouvait tarder à se prendre entièrement, ce qui eut lieu, en effet, dans la nuit du 6 au 7. Les chaloupes et leur remorqueur gagnèrent, à grand'peine, le garage d'Ingrandes. et parvinrent à s'y abriter de l'effort des glaces et des dangers de la débâcle à prévoir. C'est à cette même date du 6 décembre qu'arriva au commandant Prouhet la terrible nouvelle de la reprise d'Orléans par l'armée allemande. En même temps il fut autorisé à se rendre à Tours où il reçut de nouvelles instructions.

La persistance des glaces et la baisse des eaux ne laissant aucun espoir d'utiliser la flottille dans la partie de la Loire où son concours eût été désirable, et le principal théâtre de la guerre paraissant du reste s'écarter du fleuve par suite des nouvelles positions prises par les armées ennemies, il fut ordonné au commandant Prouhet de profiter du premier instant favorable, pour faire redescendre les deux chaloupes lancées en avant, et de conduire ainsi toute la flottille à l'abri d'une reprise des glaces, soit à Indret, si c'était possible, soit dans le bassin de Saint-Nazaire. Cette mesure avait pour but non seulement la conservation des carènes des bâtiments, mais aussi l'amélioration du sort des équipages qui souffraient beaucoup de l'habitation à bord d'aussi petits navires retenus dans les glaces. L'état sanitaire des équipages était devenu promptement assez fâcheux pour faire désirer de les caserner, en partie, à terre, pendant qu'ils ne pouvaient prendre à la guerre une part active. Cela permettait aussi de s'occuper, plus efficacement que le long des quais de Nantes, de l'instruction militaire et de la discipline à bord de bâtiments à peine armés et n'ayant guère eu le loisir de s'occuper d'organisation intérieure. Les dispositions de combat pouvaient aussi recevoir quelques compléments avantageux. Ce fut, sous ces rapports, un grand avantage de pouvoir employer ainsi le temps d'arrêt imposé par l'état des eaux.

En même temps, le ministre faisait suspendre la mise à l'eau de deux batteries blindées qui se montaient sur les chantiers de Nantes : elles durent être, seulement, mises en état d'armement au premier ordre.

Indret n'ayant offert ni abri, ni possibilité de casernement pour les équipages, on gagna Saint-Nazaire dès que la débâcle fut achevée et permit aux chaloupes, de rejoindre, en même temps qu'elle rendait leur mobilité aux canonnières dont le nombre avait été porté à cinq par l'arrivée en Loire du *Dard* et de la *Foudre*, expédiées de

Toulon sans artillerie et sans munitions afin qu'elle pussent passer par le canal du Midi, et qui n'avaient à faire dans l'Océan que le trajet de Nantes à Saint-Nazaire. Ce ne fut pas sans difficulté et sans perte de temps qu'elles purent recevoir à Nantes l'équivalent de leur armement, les colis qui le contenaient ayant fait fausse route sur les voies ferrées. Deux autres canonnières, l'*Epieu* et le *Mousquet*, qui devaient compléter la flottille, furent retenues à Bordeaux, leur présence en Loire ne paraissant plus nécessaire.

Ce fut le 24 décembre seulement que la flottille put descendre à Saint-Nazaire, et elle avait à peine repris ses postes dans le bassin que les glaces reparurent dans la Loire et interdirent de nouveau la navigation.

Ayant eu l'occasion, lors de son voyage à Tours, de fournir quelques indications sur le concours que la flottille pourrait prêter à la défense de Nantes, si l'ennemi se portait vers ce point, le commandant Prouhet avait été chargé d'étudier cette question, et sur le rapport qu'il fit, il lui fut ordonné de s'entendre à ce sujet avec le comité de défense, dont il fut nommé membre.

Les travaux de défense destinés à couvrir Nantes entre la Loire et l'Erdre avaient été élevés dans des positions avantageuses qui permettaient de disputer longtemps, de ce côté, le terrain à l'ennemi, pourvu qu'aux deux extrémités de cette ligne de défense, c'est-à-dire, sur la Loire et sur l'Erdre, ils fussent appuyés par des flanquements suffisants, empêchant l'assaillant d'établir son artillerie sur les points dominants. Tel était le rôle naturellement indiqué à la flottille.

Deux canonnières, un peu moins larges que les autres, pouvaient franchir l'écluse d'entrée de l'Erdre; elles avaient ensuite devant elles une assez vaste nappe d'eau, s'étendant jusqu'à l'entrée du canal de Nantes à Brest, et dans laquelle le courant est presque insensible, en même temps qu'on y trouve un chenal de profondeur suffisante. Les deux canonnières qui entraient aisément dans l'Erdre, devaient y opérer, accouplées à un canot à vapeur, placé entre elles, et qui suffisait à les faire mouvoir et évoluer d'un seul bloc, vu l'absence de courant ; elles devenaient, sur ce point, une force très-sérieuse. En les joignant aux deux canonnières, on pouvait aussi disposer, sur l'Erdre, de 4 canons rayés de 14 c/m et de 3 obusiers de 4 de montagne, force d'artillerie assez importante et dont la puissance était bien augmentée par la mobilité des petits bâtiments qui la portaient ; on était en mesure, non seulement de flanquer, de façon efficace, la position extrême de la ligne de défense aboutissant sur l'Erdre, mais encore d'inquiéter vivement l'ennemi, s'il essayait de déboucher par la route de Chateaubriant.

Du côté de la Loire, c'était aux batteries flottantes blindées qu'il fallait avoir recours pour protéger efficacement l'extrémité de la ligne de défense. Les deux batteries pouvaient, en prenant de grandes précautions, et en les faisant au besoin, assister de remorqueurs, être conduites jusqu'au point nommé la *Pierre percée*, situé au-dessus de Nantes, sur la rive gauche. Embossées en cet endroit, elles devenaient une protection très-efficace, et battaient les points culminants de la rive droite, où l'assaillant devait établir des batteries d'attaque, s'il voulait forcer la ligne de défense de ce côté. Bien que nos batteries flottantes dussent être dominées par l'ennemi, puisque la Loire est profondément encaissée en cet endroit, leur blindage devait offrir une résistance suffisante, tant qu'on ne leur opposerait que de l'artillerie de campagne.

Cet encaissement du fleuve qui existe, en beaucoup de

points, est, avec les sinuosités du chenal et la rapidité du courant, au nombre des principales causes qui rendent fort difficile l'emploi des canonnières sur la Loire : avec leurs ponts découverts et leur unique pièce de gros calibre, qui ne peut battre que par l'avant, il est fort peu de points du fleuve où le combat au mouillage leur soit possible ; il n'en est guère, non plus, où elles puissent évoluer, en combattant sous vapeur, de façon à toujours présenter l'avant à l'ennemi, tandis qu'en eau libre, leur mobilité décuple leur force.

On pouvait cependant espérer utiliser les trois canonnières auxquelles leur largeur ne permettait pas le passage de l'écluse d'entrée de l'Erdre, en les faisant remonter jusqu'à Champtoceaux, ce qui semblait possible avec l'élévation du niveau de l'eau qui devait se produire à la disparition des glaces, condition nécessaire à l'exécution de tous ces mouvements. Elles pouvaient trouver en cet endroit quelques facilités à se dissimuler un peu, tout en conservant la possibilité de battre à revers la ligne d'attaque et d'inquiéter beaucoup les mouvements de l'ennemi, s'il se présentait, soit par l'ancienne route de Paris, soit sur la ligne du chemin de fer. La position de ces bâtiments y eût été passablement aventureuse, même en supposant que l'ennemi n'eût aucun corps sur la rive gauche, mais enfin, c'était le seul service à en attendre, à moins qu'une crue subite très-instable, qu'on ne pouvait espérer que vers la fin de l'hiver, ne leur permît d'aller opérer beaucoup plus en haut de la Loire.

Telles furent les dispositions arrêtées pour l'emploi de la flottille, si l'ennemi s'avançait vers Nantes, hypothèse à laquelle la funeste issue des combats du Mans vint peu après donner quelque probabilité. En vue d'assurer l'exécution de ce plan de défense, de nouvelles instructions du ministre de la marine autorisèrent le commandant Prouhet à faire mettre à l'eau et armer les deux batteries blindées, dès que cette mesure semblerait ne pouvoir être différée. Cela eut lieu vers la fin de janvier. Pendant ce temps, la réunion des bâtiments de la flottille à Saint-Nazaire avait permis de revoir avec soin leur armement et d'y apporter quelques modifications pour les mieux approprier aux services qu'ils devaient rendre, soit qu'ils prissent part à la défense de Nantes, soit qu'ils fussent appelés à remonter la Loire, si les grandes pluies de la fin de l'hiver produisaient une crue suffisante. Les exercices quotidiens, le tir des différentes armes avaient utilement occupé les équipages, tenus, de plus, constamment en éveil par la double éventualité d'aller défendre Nantes ou d'avoir à fournir des défenseurs aux batteries de côte, en cas d'apparition des croiseurs allemands dont le commerce de la Basse-Loire s'effrayait alors outre mesure. L'état sanitaire était devenu très-bon, la discipline et le bon esprit militaire n'avaient pas moins gagné, aussi attendait-on impatiemment le moment où l'on prendrait une part active aux faits de guerre. C'est dans ces dispositions que la nouvelle de la capitulation de Paris et de l'armistice surprit la flottille de la Loire. Son rôle était fini sans qu'elle eût trouvé l'occasion, ardemment souhaitée, de recueillir le fruit de ses peines, en rencontrant l'ennemi.

MISSIONS PARTICULIÈRES

SUBDIVISION DE L'EURE

Commandée par M. le capitaine de vaisseau de GUILHERMY

Appelé, le 7 décembre 1870, au commandement de ce département, M. le capitaine de vaisseau de Guilhermy partit de Brest le 8, et entra en fonctions le 10, à Serquigny. Dès le 11 au soir, une forte reconnaissance prussienne vint se heurter contre ses troupes à Beaumont-le-Roger, sur le terrain qui sépare cette petite ville de Goupillière; on lui tua ou blessa une centaine de cavaliers et on lui fit une dizaine de prisonniers. D'après les renseignements résultant de l'interrogatoire qu'il fit subir à ces hommes, ils appartenaient à un corps composé de quatre régiments d'infanterie, de 2,400 hommes chacun, et de deux régiments de cavalerie de 600 hommes l'un, avec 20 pièces de canon.

Serquigny étant placé dans une vallée dominée de toutes parts, le commandant de Guilhermy pouvait craindre que l'artillerie ennemie, placée sur le plateau qui la commandait complétement, ne le débusquât le lendemain, sans qu'il lui fût possible de se défendre. Il prit donc le parti d'aller, de grand matin, établir son quartier-général à Bernay, à huit kilomètres en arrière. De là il fit occuper la forêt de Beaumont et toutes les hauteurs qui dominent le cours de la Rille depuis Serquigny jusqu'à Brionne. Les jours suivants, il y eut à Serquigny plusieurs escarmouches dans lesquelles l'ennemi perdit environ 200 hommes ; nous n'eûmes, de notre côté, que sept ou huit hommes tués et une vingtaine de blessés.

Le 15 décembre, le commandant de Guilhermy apprit que l'ennemi avait reçu des renforts et témoignait l'intention de l'attaquer.

Le 16, au matin, deux documents, qui lui semblaient dignes d'une certaine confiance, lui annoncèrent, pour le lendemain, une attaque de 15,000 Allemands pourvus de 40 pièces de canon. Lui, il n'en avait pas. Il passa la journée à prendre les dispositions nécessaires pour repousser cette agression. Il avait environ 9,000 hommes de mobiles et quelques compagnies de francs-tireurs, mais les lignes qu'il défendait étaient bonnes, et, quoiqu'elles eussent une étendue de plus de 20 kilomètres, elles ne pouvaient être forcées que sur quelques points où il créa des obstacles et massa ses troupes. Sa seule crainte était d'être tourné par le nord, c'est-à-dire, sur sa gauche ; dans ce cas, il ne lui serait resté personne pour s'opposer à ce mouvement. Il prescrivit à chaque chef de corps de résister solidement, de le prévenir au premier coup de fusil du point où l'action s'engagerait pour qu'il pût s'y porter, et enfin, dans le cas où la ligne serait forcée sur un point, de dépêcher immédiatement des estafettes aux corps voisins pour que la retraite s'opérât d'ensemble, mais par des lignes différentes, afin d'éparpiller les forces de l'ennemi et de prévenir l'encombrement des routes.

C'est après avoir pris ces dispositions que, le 17 au matin, il attendait un avis pour monter à cheval et se porter sur le point menacé, lorsqu'à sept heures et demie, il reçut de Brionne une lettre expédiée une heure et demie auparavant, dans laquelle le lieutenant-colonel Thomas, commandant les trois bataillons de l'Ardèche, lui disait qu'entouré par les Prussiens, il se voyait dans l'obligation d'effectuer immédiatement son mouvement de retraite. Quelques instants après, une seconde lettre lui fit savoir qu'il emmenait avec lui deux bataillons des mobiles de l'Eure. C'était 5,000 hommes qui faisaient défection au commandant de Guilhermy, au dernier moment. Dans ces conjonctures, il ne balança pas à envoyer au reste de ses troupes l'ordre d'exécuter leur mouvement en arrière pour ne pas être exposées à être coupées par l'ennemi. Les points de ralliement étaient Tiverville et Broglie. Mais, avant de partir, il crut devoir prévenir le maire de la situation où la ville allait se trouver. Des députations de la garde nationale vinrent le solliciter de reprendre les lignes abandonnées. Il promit de le faire, si c'était possible, refusant toutefois de prendre aucun engagement qui pût se trouver en contradiction avec ses devoirs militaires, et il donna même l'ordre à une compagnie de francs-tireurs de se porter dans la direction de Brionne pour l'éclairer sur les mouvements de l'ennemi.

Il se produisit alors une véritable panique dans la ville et une grande effervescence dans la population. Malgré les démonstrations violentes qui se manifestaient, il descendit sur la place pour chercher à calmer l'agitation, et afin d'éviter aux habitants tout prétexte d'hostilité, il fit se retirer un piquet de gendarmerie qui devait lui servir d'escorte. Néanmoins, il fut entouré par une foule furieuse et armée qui l'accabla d'injures et déclara vouloir le fusiller. Seul avec son chef d'état-major, M. Pauher, ancien capitaine d'artillerie, il ne pouvait songer à lutter, et il attendait froidement le sort qui lui semblait réservé, lorsque deux coups de feu tirés à bout portant l'atteignirent, l'un à la main droite, l'autre à la hanche gauche. On ne se serait vraisemblablement pas arrêté là si un jeune avocat de Louviers, M. Le Mercier, ne l'avait saisi dans ses bras et transporté, au péril de sa vie, à l'hôtel de la sous-préfecture près duquel se passait cette scène sanglante. Le commandant de Guilhermy informa aussitôt le gouvernement, par le télégraphe, de l'impossibilité où il était de continuer à diriger de son lit les opérations militaires. Il demandait en même temps à être remplacé dans le plus bref délai. En attendant qu'il le fût, il pourvut pendant trois jours aux nécessités de la situation. Le soir même du 17, il apprenait qu'aucun Prussien n'avait franchi nos lignes et que le colonel Thomas, cédant à une panique, avait abandonné son poste de défense sans avoir eu à tirer un seul coup de fusil. Il donna aussitôt des ordres pour que, dès le lendemain, les anciennes positions fussent réoccupées et fit même placer les grand'gardes au-delà de la vallée de la Rille.

Si ce fut pour le commandant de Guilhermy une grande et légitime douleur que d'avoir été frappé par des balles françaises dans un moment où il était heureux de concourir à la défense de son pays, du moins trouva-t-il une consolation dans la conscience du devoir accompli et dans les témoignages d'estime et de sympathie dont l'entouraient à l'envi les personnes les plus honorables de la ville et particulièrement le préfet du département. Ces témoignages et l'approbation qu'il reçut plus tard du ministre de la marine, furent une ample compensation des ignobles attaques d'une presse méprisable, en même temps qu'ils allégèrent les souffrances physiques et morales qu'il eut à supporter pendant plusieurs mois et qui ne lui ont pas encore permis de recouvrer entièrement le libre usage de sa main. A son arrivée à Brest, le 9 janvier 1871, il dut être transporté chez lui sur un cadre.

— — —

SUBDIVISION DU MORBIHAN

Commandée par M. le capitaine de vaisseau MONJARET DE KERJÉGU

M. le capitaine de vaisseau Monjaret de Kerjégu s'est rendu, le 1er décembre 1870, à l'armée de la Loire, pour prendre le commandement de la première brigade de la première division du 16me corps d'armée. Général de brigade, le 8 décembre 1870, il a commandé jusqu'au 8 avril 1871 la subdivision du Morbihan et est rentré au port le 17 avril 1871. Il a été promu contre-amiral le 9 septembre 1872.

SUBDIVISIONS DU JURA ET DE L'AIN

Commandées par M. le capitaine de frégate COLLOS

Appelé dans les premiers jours de décembre 1870, au commandement de la subdivision du Jura, le capitaine de frégate Collos entra en fonctions le 5 de ce mois. Voisin des pays occupés par les Prussiens, le Jura était toujours sur le qui-vive, par suite des réquisitions qu'ils faisaient dans plusieurs villes et villages du département. On eut, il est vrai, un peu plus de tranquillité après le passage de l'armée de l'Est, mais quand les désastres de cette armée commencèrent, le Jura fut envahi, et au moment de l'armistice, après l'entrée des troupes françaises en Suisse, l'armée prussienne se répandit dans le département et occupa Lons-le-Saunier.

Le 4 février, au soir, le général Pélissier s'étant décidé à abandonner la ville avec les mobiles qui étaient sous ses ordres, le commandant Collos et le préfet partirent et se rendirent à Saint-Amour. Le commandant Collos y reçut l'ordre du gouvernement de se rendre à Bourg, où un nouvel ordre le rappela au commandement de la subdivision de l'Ain qu'il cumula, jusqu'au 22 mai 1871, avec celui de la subdivision du Jura dont il fut, en outre, nommé administrateur provisoire.

Le passage des nombreux débandés de l'armée de l'Est, le désarmement successif des francs-tireurs, des mobiles, des mobilisés, enfin le retour en France des troupes internées en Suisse, exigèrent du commandant Collos, jusqu'au dernier moment, une incessante activité.

SUBDIVISION DE LA CHARENTE

Commandée par M. le capitaine de frégate LARTIGUE

M. le capitaine de frégate Lartigue, nommé colonel dans l'armée auxiliaire, le 24 novembre 1870, a pris le commandement de la subdivision de la Charente, et relevé de ce commandement, le 28 avril 1871, il est rentré au port le 7 mai suivant.

BATAILLON AUXILIAIRE DU GÉNIE A LYON

Commandé par M. le capitaine de frégate ORSEL

M. le capitaine de frégate Orsel, du port de Brest, reçut le 23 octobre 1870, l'ordre de prendre le commandement du bataillon auxiliaire du génie qui entrait en formation à Toulon. Ce bataillon était composé de quatre compagnies d'ouvriers mécaniciens, commandées, deux par des officiers de marine, deux par des ingénieurs. Chaque compagnie avait en outre huit canonniers, deux matelots fusiliers et deux charpentiers. La plupart de ces hommes ignoraient complétement l'exercice du fusil et du canon, sauf un petit nombre qui avaient reçu un commencement d'instruction dans les forts de Toulon, où ils avaient été détachés.

Le bataillon, parti le 28 octobre à 9 heures du soir et arrivé le lendemain, vers midi, à Lyon, fut caserné provisoirement dans les deux forts de Villeurbonne et du Colombier, sur la rive gauche du Rhône. Le commandant Orsel profita des quelques jours d'inaction que lui laissa le général de Bressoles pour pousser activement l'instruction complète des hommes qui pouvaient être appelés à servir, soit comme bataillon de marche, soit comme artilleurs pour la défense de Lyon. Ce service fut d'ailleurs maintenu pendant tout le temps du séjour à Lyon, concurremment avec les travaux que le bataillon eut à exécuter.

Le 6 novembre, une seule compagnie fut laissée sur la rive gauche du Rhône, deux furent envoyées au fort de la Duchère et un au fort de Lozanne. Cet éparpillement était commandé par l'immense étendue de l'enceinte de Lyon, et afin de diminuer la distance à parcourir, chaque matin, par les hommes pour se rendre sur les travaux. Ils avaient à mettre en batterie 100 pièces de 16 c/m rayées et 60 obusiers de trente. Les lignes extérieures n'étant pas prêtes, le commandant Orsel fit commencer immédiatement les terre-pleins et les plates-formes dans ceux des forts intérieurs qui devaient recevoir des pièces de marine. Le 10 novembre, sans discontinuer le travail des forts intérieurs, les lignes extérieures reçurent des détachements qui y commencèrent les terre-pleins. A mesure que les plates-formes se terminaient, les pièces étaient mises en batterie.

Le 17 novembre, le bataillon reçut un renfort de deux compagnies, dont une de canonniers, et se trouva porté à un effectif de 900 hommes. Le commandant Orsel fit alors pousser vigoureusement les travaux, et le 25 novembre, toutes les pièces étaient en batterie, sauf sur la rive gauche, où quelques obusiers restèrent sans emploi, les ouvrages qu'ils devaient armer n'étant pas terminés ; c'étaient ceux que faisaient les ateliers nationaux de la ville de Lyon.

Craignant une attaque prochaine, le commandant Orsel était allé au plus pressé et avait fait monter, dans les batteries, les pièces telles qu'elles avaient été amenées. Ayant observé que les pièces se chargeant par la culasse, plus faciles à mettre hors de service, seraient mieux placées aux lignes extérieures, il les y établit. Malgré la difficulté du charroi, dans cette saison rigoureuse, tout, grâce au concours dévoué des hommes du bataillon, était terminé le 1er décembre, et le 2, le général pouvait passer l'inspection de 160 pièces de marine en batterie.

A partir de cette époque, les travaux de terrassement furent constamment interrompus par les gelées; l'approvisionnement des batteries fut complet, et des ateliers montés dans chaque fort pour le taraudage de ceux des projectiles qui n'étaient pas chargés.

Le repos relatif que laissaient les grands froids permit de perfectionner les travaux intérieurs des batteries, d'établir des abris pour les hommes, de faire des embrasures aux endroits les plus exposés ; de mettre des plaques de blindage dans certains épaulements, d'activer le plus possible l'instruction des hommes, ce qui était d'autant plus urgent que, pour servir les 160 pièces de canon, il n'y avait, en y comprenant les quartiers-maîtres canonniers, que 130 chefs de pièces.

Enfin, dans le courant de janvier, sauf quelques détails peu importants, le bataillon était prêt à tout événement. C'est alors, qu'épuisé par les fatigues et par le froid, le commandant Orsel tomba assez malade pour être obligé de demander son remplacement, et de se séparer, non sans de grands regrets, d'officiers et de matelots qui, par leur zèle et leur activité, avaient fait l'admiration de l'armée. Il eut du moins la satisfaction d'obtenir quelques avancements en grades et en classes pour les hommes et la croix de la Légion d'honneur pour M. Picard, sous-ingénieur de la marine, et pour M. l'aide-commissaire Canale, chargé de la comptabilité

D'autres missions ont été remplies par MM. les officiers supérieurs ci-après :

M. le capitaine de vaisseau Zédé a été nommé, le 28 août 1870, au commandement supérieur de l'un des forts de l'enceinte de Paris, celui de Romainville, et M. le capitaine de vaisseau Protet a été mis, le 29 septembre 1870, à la disposition de M. le contre-amiral vicomte de Fleuriot de Langle, commandant supérieur du 6e secteur de l'enceinte bastionnée de Paris (Passy), où était la batterie du Point-du-Jour. Le 23 janvier 1872, M. le commandant supérieur du 6e secteur a été promu vice-amiral.

M. le capitaine de vaisseau baron Duperré a pris, le 30 décembre 1870, le commandement supérieur de l'enceinte bastionnée de Cherbourg. Il a été promu contre-amiral le 20 mai 1873.

M. le capitaine de frégate Zédé, après avoir exercé, à Brest, le commandement du fort Montbarey, a été chargé de celui du 4e bataillon de marche, à Cherbourg. Il a commandé la brigade de réserve du 21e corps de l'armée de la Loire, et du jour où les quatre bataillons de marins de cette armée ont été réunis à Châtellerault, il en a eu le commandement supérieur, qui a cessé par la transformation de ces bataillons en un régiment, à Versailles. Il est rentré à Brest le 27 mars 1871.

M. le capitaine de frégate Ducrest de Villeneuve (Ange-Marie-Agathon), parti de Brest le 6 décembre 1870 pour Nantes, y a été mis à la disposition du comité de défense pour commander les batteries d'artillerie destinées à la défense de cette ville. Il est rentré à Brest le 23 mars 1871.

La défense du port de Brest n'a pas été plus oubliée que celle de Cherbourg. MM les capitaines de frégate du Temple (Jean-Louis-Rivallon), Zédé et Vrignaud ont commandé successivement le fort de Montbarey; le premier, du 12 septembre au 20 octobre 1870; le second, du 3 novembre au 26 décembre 1870; et le troisième du 28 décembre 1870 au 5 mars 1871; et MM. les capitaines de frégate Joubert, Tirard et Cany, ceux de Questel-Bras, de

Penfeld et de Keranroux, dans l'intervalle du 12 septembre 1870 au 5 mars 1871.

Enfin, pendant l'insurrection de Paris, les lieutenants de vaisseau Lamarche, Le Barzic, de Langsdorff, Le Bras, de Rotrou et l'enseigne Prévost ont été détachés à l'armée de Versailles.

Ne pouvant suivre dans leurs divers mouvements les officiers de vaisseau de tous grades qui ont été détachés du port de Brest pendant la guerre, nous nous bornerons ici à en indiquer le chiffre. Il a été de 128, savoir : dix capitaines de vaisseau ; dix-sept capitaines de frégate; soixante-cinq lieutenants de vaisseau et trente-six enseignes de vaisseau.

2e Cie DE GENDARMERIE MARITIME

Commandée par le chef d'escadron LE GAC

Le 24 juillet 1870, en exécution de la dépêche du 22 du même mois, un brigadier et cinq gendarmes ont été expédiés à Paris pour être spécialement chargés de la garde de l'hôtel du ministère de la marine, et, le 26, un brigadier et deux gendarmes ont été attachés au service de la prévôté de la division d'infanterie de la marine. Ces neuf hommes ont pris part aux opérations militaires. Les trois de la prévôté ont suivi la marche sur Sedan, d'où l'un est revenu malade; le second s'est échappé après avoir été plusieurs jours au pouvoir de l'ennemi et le troisième a été emmené en captivité. Les six gendarmes détachés au ministère de la marine ont pris part aux opérations du siége et ont accompagné le vice-amiral de la Roncière-le-Noury à la défense de Saint-Denis.

Quant à l'effectif de la compagnie resté à Brest, effectif au-dessous du chiffre réglementaire de 90 hommes. il se composait alors de trois officiers et de 65 sous-officiers, brigadiers et gendarmes qui furent bientôt chargés d'un service de jour et de nuit tout-à-fait exceptionnel. Le départ de toutes les troupes disponibles de la marine et de la guerre avait entraîné la suppression des postes militaires dans l'arsenal dont la surveillance a reposé uniquement sur la discipline et le dévouement bien connus de la gendarmerie. Une activité fébrile régnait alors dans le port de Brest qui recevait de tous côtés des approvisionnements considérables de grains, de matériel et de munitions, réexpédiés après transformation. Ces mouvements commandaient une vigilance qui n'a jamais été en défaut.

ARTILLERIE DE LA MARINE

Directeur : M. le colonel SAPIA, comte de LENCIA

Au moment de la déclaration de guerre, le personnel

de l'artillerie de la marine, au port de Brest, se composait comme suit :

1° DIRECTION DE L'ARTILLERIE ET SERVICE DES TROUPES DE L'ARME.

1 Colonel directeur et commandant supérieur des troupes de l'arme, M. Sapia, comte de Lencia.

État-major particulier.

1 Lieutenant-colonel sous-directeur, M. Chevillotte.

1 Chef-d'escadron, M. Mazières.

3 Capitaines en premier, MM. Chevillon, Blanchard et Chaillon.

2 Capitaines en second, MM. Beauvais et Méry.

11 Employés militaires (gardes d'artillerie, comptables et professionnels) employés à la direction.

1re *Compagnie d'Ouvriers.*

1 Capitaine en premier, commandant, M. Henriot.

1 Lieutenant en premier, M. Larrodé.

140 hommes de troupes

Dépôt de la 6e *compagnie d'Ouvriers.*

1 Capitaine en premier, commandant, M. Groussard.

1 Sous-lieutenant, M. Houel.

40 hommes de troupes.

18e *Batterie du régiment d'artillerie.*

1 Capitaine en premier, commandant, M. Deshayes.

1 Sous-lieutenant, M. Robin.

150 hommes de troupes.

2° ÉTABLISSEMENT DES FORGES DE LA VILLENEUVE.

1 Lieutenant-colonel, directeur, M. Smet.

1 Chef d'escadron, sous-directeur, M. Chauvé.

1 Lieutenant, M. Deman.

1 Employé militaire.

Ensemble : 17 officiers, 12 employés militaires et 330 hommes de troupes, effectif auquel il convient d'ajouter, pour être complet, 7 gardiens militaires de batterie et 196 armuriers militaires de la marine (chefs, maîtres, seconds maîtres et quartiers-maîtres armuriers).

Dans les premiers jours qui suivirent la déclaration de guerre, cet effectif s'accrut de celui de deux batteries du régiment, envoyées de Lorient pour concourir à l'armement et à la défense de la rade et du goulet de Brest.

14e *Batterie.*

1 Capitaine en 1er, commandant, M. Horr.

1 Lieutenant, M. Fenaux.

100 hommes de troupes.

28e *Batterie.*

1 Capitaine en 1er, commandant, M. de Pellerin-Latouche.

1 Sous-lieutenant, M. Guérin.

100 hommes de troupes.

L'une de ces batteries fut détachée dans les ouvrages défensifs de la côte nord du goulet, l'autre dans ceux de la côte sud.

Mais, les événements se précipitant, deux des batteries précitées, la 18e (capitaine commandant Deshayes) et la 14e (capitaine commandant Horr), furent appelées à Paris, où elles participèrent à toutes les opérations du siége, et il ne resta à Brest que la 28e batterie (capitaine commandant de Pellerin-Latouche), portée à un effectif rond de 150 hommes qu'elle conserva jusqu'à la paix.

Cette batterie fut répartie sur les deux rives du goulet, le capitaine-commandant demeurant de sa personne au fort du Porzic, sur la côte nord, et son lieutenant sur la côte sud, au fort de Cornouaille. Elle fut maintenue dans cette position jusqu'à la paix.

D'autre part, les effectifs des deux compagnies d'ouvriers ne tardèrent pas à s'accroître, par suite de la rentrée des hommes en congé renouvelable, du rappel des anciens militaires, des engagements volontaires et de l'appel des classes. Elles atteignirent ainsi :

La 1re compagnie, un effectif de.... 395 hommes.
La 6e compagnie, un effectif de..... 280 —

TOTAL.......... 675 hommes.

Soit, avec les 150 hommes de la 28e batterie, un effectif total de 825 hommes d'artillerie.

Dans le même temps, l'effectif d'officiers de ces deux compagnies s'augmentait d'un lieutenant et d'un sous-lieutenant, MM. Fonné et Kerdodé.

Dans le courant du mois d'août, furent appelés à remplir à Paris un service de guerre, indépendamment du personnel des 14e et 18e batteries : 1° M. le lieutenant-colonel Chevillotte, qui fut durant le siége chef d'état-major, en premier lieu, de M. le général de division Frébault, ensuite de M. le général de division Pélissier ; nommé colonel pendant le siége, il est aujourd'hui directeur à Lorient ; 2° M. le capitaine Chevrillon, qui, mis à la disposition du gouverneur de Paris, servit dans l'artillerie de la garde mobile de la Seine, et fut nommé pendant le siége officier de la Légion d'honneur et chef d'escadron ; il a pris depuis sa non-activité ; 3° M. le capitaine Méry.

Vers le même temps, M. le chef d'escadron Chauvé fut envoyé à Cherbourg pour y commander deux batteries du régiment de l'arme qui furent employées, d'abord à la mise en état de défense de la digue et des forts de la rade, et, un peu plus tard, à la construction et à l'armement des lignes de Carentan. En novembre, cet officier supérieur fut mis à la disposition du département de la guerre pour commander à l'armée de la Loire, et, peu de temps après, à la 2e armée, l'artillerie de la 1re division du 21e corps, composée de 3 batteries de 4 rayé de campagne, dont tout le personnel, servants des pièces et conducteurs, était fourni par l'artillerie de la marine (batteries 25, 25 bis, 25 ter du régiment de l'arme), et auxquelles furent éventuellement adjointes, pendant la campagne, une section de 12 rayé de campagne, servie par les mobilisés de Maine-et-Loire, et une batterie de canons à balles, servie par l'artillerie de terre.

M. le commandant Chauvé prit part, en cette qualité, aux différentes opérations de guerre accomplies par la 1re division du 21e corps, et notamment au combat de Nogent, où l'une de ses batteries fut détruite, et à la bataille du Mans. Le port de Brest lui envoya alors, pour réparer ses pertes, 60 hommes des 1re et 6e compagnies d'ouvriers d'artillerie de la marine ; mais, par suite de la signature de l'armistice qui eut lieu peu après, ces hommes ne furent point assez favorisés pour aller au feu. M. le commandant Chauvé rentra à la direction d'artillerie de Brest.

Dans les premiers jours d'octobre, M. le capitaine Chaillon, nommé chef d'escadron, fut mis à la disposition du département de la guerre pour commander deux *bat-*

teries mixtes destinées à faire partie de la réserve d'artillerie du 15e corps (armée de la Loire batteries dont le *personnel canonniers* était fourni par le régiment d'artillerie de la marine, et le *personnel conducteurs*, par le train d'artillerie. Il a pris part, en cette qualité, avec deux batteries sous ses ordres, aux affaires de Chambon, Sariteau, près Schillers, Neuville, et à la défense d'Orléans après la reprise de cette ville et la séparation de l'armée de la Loire en 1re et 2e armée, et a quitté la réserve du 15e corps pour aller à Cherbourg prendre le commandement de deux batteries mixtes de 12 rayé de campagne, dont le personnel canonniers était fourni par l'artillerie de marine et faisait partie de la réserve d'artillerie du 19e corps, commandement qu'il a exercé jusqu'à la dissolution de ce corps d'armée, au mois de mars. Il a alors rejoint Brest, et sert aujourd'hui à la Villeneuve, comme sous-directeur.

M. le lieutenant-colonel Smet, directeur de la Villeneuve, a été mis à la disposition du département de la guerre, pour commander la réserve de l'artillerie du 17e corps qui a fait partie de l'armée de la Loire, et, plus tard, de la 2e armée. Il a pris part, en cette qualité, à l'affaire de Brou, et aux combats de Villepion, de Villorceau, de Cernay, de Villejouan, et à la bataille du Mans. Il a été nommé officier de la Légion d'honneur à la suite du combat de Villorceau, et a exercé son commandement jusqu'à la dissolution du 17e corps, en mars 1871. Il a alors repris la direction de la Villeneuve

Dans les premiers jours de novembre, les 1re et 6e compagnies d'ouvriers d'artillerie de la marine à Brest fournirent le personnel canonniers (200 hommes) de deux batteries mixtes de 12 rayé de campagne, destinées à constituer la réserve d'artillerie du 18e corps, qui fit partie de l'armée de la Loire d'abord, et, plus tard, de la 1re armée, ou armée de l'Est.

Ces deux batteries, dont l'une était commandée par le capitaine Groussard, l'autre par le capitaine Laberge, venu de Lorient, et qui comptaient parmi leurs officiers les lieutenants Fonné et Houel, furent placées sous les ordres de M. le chef d'escadron Mazières, et allèrent terminer leur organisation à Nevers, où les rallièrent conducteurs et chevaux. Elles prirent part aux affaires de Ladon et de Gien, ainsi qu'aux combats de Villersexel et d'Héricourt, où elles eurent quelques hommes tués et un assez grand nombre de blessés, dont plusieurs très-grièvement, parmi lesquels le capitaine Laberge. Elles firent partie de la portion de l'armée qui se trouva contrainte, après l'affaire de Pontarlier, de chercher un refuge en Suisse, où elles demeurèrent internées jusqu'à la paix.

Rentrant de Suisse et arrivant à Paris, au moment de l'insurrection de la Commune, M. le commandant Mazières a été arrêté à la gare par les insurgés, dont il est resté prisonnier pendant huit jours, au bout desquels il réussit à s'échapper.

A la suite de cette campagne, M. le commandant Mazières et ses deux capitaines, MM. Groussard et Laberge, ont été nommés officiers de la Légion d'honneur.

En résumé, de 23 officiers d'artillerie de la marine qui ont servi au port de Brest, depuis la déclaration de guerre jusqu'à la paix, 14 ont été au feu, savoir : 7 à Paris, et 7 aux armées. Dans ce nombre de 14 se trouvent 5 officiers supérieurs, 2 lieutenants-colonels et 3 chefs d'escadron.

Pendant ce temps, le colonel directeur d'artillerie, réunissant le service de la Villeneuve à son service propre, avait à pourvoir, avec un personnel très-restreint de 5 officiers, aux travaux considérables qui lui étaient réclamés de toutes parts pour les besoins urgents de la défense.

Cependant, peu de temps avant l'armistice, quelques mouvements survenus dans l'artillerie permirent au ministre d'augmenter le nombre des officiers de cette arme servant au port de Brest.

Au moment de l'armistice, ce nombre se décomposait ainsi :

1 colonel, directeur et chef du service de la Villeneuve, M. Sapia, comte de Lencia.

Direction.

1 Lieutenant-colonel, sous-directeur, M. Dufaure.
1 Capitaine en premier, M. Blanchard.

1re *Compagnie d'ouvriers.*

1 Capitaine en premier, commandant, M. Henriot.
1 Sous-lieutenant, M. Kerdodé.

6e *Compagnie d'ouvriers.*

1 Capitaine en second, commandant, M. Kunkler.
1 Sous-lieutenant, M. Duckest.

28e *Batterie du régiment.*

1 Capitaine en premier, commandant, M. de Pellerin-Latouche.
1 Sous-lieutenant, M. Guérin.

Villeneuve.

1 Capitaine en second, sous-directeur par intérim M. Larrodé.
1 Lieutenant, M. Deman.
Total : 11 officiers.

Mentionnons, en terminant, que les gardes d'artillerie de la marine servant au port de Brest avaient fourni trois des leurs à la défense de Paris et un quatrième à la délégation du ministère de la marine, à Tours et à Bordeaux; et que le corps des armuriers militaires de la marine, sur un effectif total de 96 hommes présents au port au moment de la déclaration de guerre, a fourni un contingent de 49 hommes au service actif de guerre, sur la flotte, au siége de Paris et aux différentes armées de province, avec les bataillons de marche de marins.

2e RÉGIMENT D'INFANTERIE DE MARINE

Ce régiment a fourni aux différentes armées les troupes suivantes :

1° Armée du Rhin. — Régiment de Marche

Commandé par M. le colonel ALLEYRON

Un régiment de marche de 3 bataillons, à 800 hommes par bataillon, a été commandé par le colonel Alleyron. Ce régiment a fait partie de la 2e brigade de la 3e division du 12e corps d'armée. Il a combattu : 1° le 31 août, de 2 heures à 5 heures 1/2 du soir, pour reprendre Bazeilles aux Prussiens; 2° le 1er septembre, de 4 heures 1/2 à 11 heures du matin, et de 11 heures à 5 heures du soir, sur les hauteurs en avant de Sedan.

Les débris du régiment ont été compris dans la capitulation et faits prisonniers de guerre.

Les pertes subies par le régiment dans les combats du 31 août et du 1er septembre, ont été : officiers, 5 tués et 8 blessés; sous-officiers, caporaux et soldats, 74 tués, 159 blessés et 409 disparus.

2° Défense de Paris. — 2e Bataillon de Marche

Commandé par M. le chef de bataillon DARRÉ

Ce bataillon, composé de quatre compagnies de 200 hommes chacune, dont deux provenant du 1er régiment, avaient été versées au 2e par décision ministérielle du 10 octobre 1870, était placé sous le commandement du chef de bataillon Darré.

Ce bataillon formait, avec un bataillon de fusiliers marins, la garnison du fort de Bicêtre. Deux compagnies ont, par la suite, été détachées au fort de Montrouge et à celui d'Issy. Le demi-bataillon qui restait au fort de Bicêtre a eu en outre 120 hommes détachés sous le commandement d'un capitaine pour la défense d'un lieu dit les Carrières, situé en avant de la Bièvre.

Le 2e bataillon a combattu : Le 30 septembre, de 4 heures 1/2 à 11 heures 1/2 du matin, au village de Chevilly. — Le 28 novembre, il a été réuni en entier au fort d'Ivry et a fait partie de la 2e brigade de la 6e division du 3e corps d'armée. — Le 29 et le 30 novembre, il a combattu à la gare aux Bœufs. — Le 9 décembre, il quitte la 6e division, fait partie de la 3e, et est dirigé sur le plateau d'Avron. — Le 21 décembre, il prend part à l'attaque et à la prise du parc de Neuilly. — Le 22 décembre, démonstration en avant du plateau d'Avron. Le bataillon quitte le camp à 7 heures du matin et descend dans la plaine de Neuilly ; mais il essuie un feu tellement meurtrier qu'il est forcé de battre en retraite. — Le 27 décembre, cinq batteries ennemies bombardent le plateau d'Avron de 8 heures du matin à 7 heures du soir. Le lendemain le bombardement continue ; le bataillon, après des pertes sensibles, se retire au bas du plateau, en avant de Plaisance. — Le 29, il est barraqué au camp de Saint-Maur.— Le 30, il est cantonné à Gentilly. — Le 17 janvier, il occupe la redoute des Hautes-Bruyères. — Le 23 janvier, il est cantonné à Charenton. — Le 28, il est cantonné au quartier de Bercy. — Le 4 février, désarmement complet du bataillon et rentrée à Brest, le 9 mars.

Pertes éprouvées : officiers, 1 tué, 4 blessés ; sous-officiers, caporaux et soldats, 4 tués et 15 blessés.

3° Armées de la Loire et de l'Est. — 5e Bataillon de Marche

Commandé par le chef de bataillon LAURENT

Ce bataillon, composé d'une section hors rang et de cinq compagnies de 200 hommes chacune, sous le commandement du chef de bataillon Laurent, est placé, à la formation de l'armée de la Loire, à la 1re brigade de la 1re division du 15e corps d'armée.

Le 17 novembre, il combat à Arthenay. Renforcé, le 21, de deux compagnies, il combat, le 3 décembre, à Neuville, et le lendemain à Orléans. Le 22 décembre, l'armée de la Loire est dissoute, et le bataillon est désigné pour faire partie de la réserve de l'armée de l'Est. Il combat, le 23 décembre, à Auxon-Dessus; — le 29, il s'empare du village de Sombacourt. — Le 31 janvier, il protége, au combat de la Cluse, la retraite de l'armée de l'Est en Suisse. Une partie de ce bataillon reste au pouvoir des Prussiens, l'autre a le temps de passer en Suisse.

Pertes essuyées par ce bataillon : officiers, 1 tué et 4 blessés ; sous-officiers, caporaux et soldats : 18 tués, 26 blessés et 185 disparus.

4° Armée du Nord et de Versailles. – 8e Bataillon de Marche

Commandé par M. le chef de bataillon PASQUET DE LA BROUE

Ce bataillon, composé d'abord de quatre compagnies de 200 hommes chacune, et plus tard de cinq compagnies, sous le commandement du chef de bataillon Pasquet de la Broue, ensuite du chef de bataillon Brunot, a combattu : le 24 novembre à Mézières ; le 27, à Villiers-Bretonneux, le 20 décembre, à Querrieux ; le 23, à Pont-Noyelles ; le 2 janvier, à Achiet-le-Grand ; le lendemain, à Bapaume ; le 16, à Beauvoir ; le 19, à Saint-Quentin.

Le 17 février, l'armée du Nord est licenciée. Le bataillon s'embarque à Dunkerque pour Cherbourg. Là il est réorganisé et envoyé à Paris, où il se trouve lorsque éclate l'insurrection du 18 mars. Renforcé de deux nouvelles compagnies de Brest, il fait partie de la 2e brigade de la 3e division de l'armée de Versailles et prend part à la lutte soutenue contre les insurgés de Paris.

Le bataillon a perdu : 1° à l'armée du Nord : officiers blessés, 3 ; sous-officiers, caporaux et soldats tués, 18 ; blessés, 103 ; disparus 171 ; 2° à l'armée de Versailles : officiers, 1 blessé ; sous-officiers, caporaux et soldats : 2 tués et 9 blessés.

Indépendamment des divers corps dont il a été parlé jusqu'à présent, d'autres services du port ont concouru, dans la sphère de leurs attributions respectives, à la défense nationale.

C'étaient les suivants :

Génie maritime et Travaux hydrauliques. — Commissariat. — Inspection. — Service de santé. — Aumônerie.

Nous allons exposer succinctement la part d'action de chacun d'eux.

Génie maritime et Travaux hydrauliques

M. l'ingénieur des ponts et chaussées Rousseau, du service des travaux hydrauliques, actuellement député à l'Assemblée nationale, et conseiller général du Finistère, fut envoyé le 1er novembre 1870 à l'armée de Bretagne, commandée par M. le comte de Kératry, pour y établir le camp de Conlie, avec le titre et les fonctions de colonel du génie. Le 1er novembre, M. le sous-ingénieur Risbec, du service des constructions navales, lui fut adjoint, et revint à Brest le 18 février 1871.

L'établissement du camp de Conlie a fourni matière, en

France, à tant d'appréciations diverses, qu'il n'est peut-être pas hors de propos de leur opposer ici celles des officiers allemands consignées dans un extrait du *Staats-Anzeiger*, reproduit en ces termes par le *Journal de Magdebourg*, le 8 février 1871 :

« Les Prussiens ont déjà achevé de raser le camp de Conlie. Naturellement, il était de notre intérêt de détruire complètement des fortifications qui pouvaient encore offrir à l'ennemi un point d'appui. Ainsi, en ce lieu où la jeunesse appelée à combattre, était exercée au métier des armes et instruite pour la guerre, les barraques, les ambulances et l'église, ne sont plus qu'un amas de cendres ; et l'ouvrage achevé (la redoute du Sud), qui s'était élevée menaçante, dans une position formidable, n'est plus qu'une couche informe de terre.

» D'après le jugement des militaires compétents, les solides positions de ce camp laisseraient loin derrière elles les célèbres ouvrages Danois, dont on a tant parlé à l'époque.

» Le camp de Conlie commençait à environ 1100 pieds (fürb) à l'ouest du bourg du même nom. La plus grande partie du camp se trouve au nord, l'autre au sud de la route qui conduit du Mans à Mayenne. Au milieu d'une vaste et imposante vallée, s'élève une colline, et c'est cette élévation, dominant tous les environs, qui avait été choisie pour l'emplacement du camp. Sur la colline se trouvaient quelques métairies, et une ferme située au sommet servait de quartier général ; on avait d'ailleurs nivelé le terrain à l'intérieur de l'enceinte et établi des voies de communication.

» La superficie du camp était de 1500 (morgen), l'enceinte était longue d'environ 12,000 pieds. La partie nord qui est séparée de la partie sud par la tranchée du chemin de fer du Mans à Laval, était la moins achevée ; on pouvait cependant voir que les fortifications devaient consister en une ligne continue. La partie sud, au contraire, était consacrée à un ouvrage fermé, dominant toute la position et susceptible de recevoir une forte artillerie ; son élévation, au-dessus du terrain avoisinant, donnait à la portée de l'artillerie toute son efficacité, et il n'y avait point de hauteur d'où l'assaillant pût le dominer. La ligne de feu de la redoute sud a un développement d'environ 1100 pas ; sa forme est irrégulière et conforme au terrain. Le parapet (Brustwehrstarke) a 13 pieds et la ligne de feu une hauteur de 8 pieds. D'après le profil, encore inachevé, on reconnaissait, seulement sur quelques points isolés, des dispositions pour une défense d'infanterie.

» Dans le fait, l'ouvrage était purement réservé à l'artillerie : aussi avait-on établi 32 plates-formes destinées à de lourdes pièces de siége. Dans le corps des retranchements se trouvaient 12 magasins à poudre recouverts en bois. Cette redoute était entourée d'un fossé, large à sa partie supérieure, de 15 pieds. Autour de cette position si solide se groupaient les campements des troupes ; celles-ci se trouvaient en partie dans des barraques, et l'autre partie dans des tentes. Les casernes et les hôpitaux avaient, les unes des lits en fer, les autres des lits de camp, et étaient tous pourvus de poêles en métal. Comme sur le lieu même des campements, il n'y avait point d'eau, on dut faire venir l'eau d'une source voisine au moyen de conduits et d'une machine à vapeur.

» Or, ce camp, qui avait été commencé à la fin d'octobre, a été abandonné et les troupes ont été retirées. Cette résolution dut être très-soudaine, car on n'avait pas pris le temps d'emporter les approvisionnements. Comme matériel de guerre, il tomba entre nos mains un riche matériel de fortification, des munitions d'artillerie et environ 5,000,000 de paquets de cartouches. Dans les magasins du camp, on trouva encore 1,500 caisses de biscuit et d'extrait de viande, 180 barils de porc salé, 20 sacs de riz et 140 barriques de cognac.

» Quoique cette place de Conlie fût encore inachevée, 'on doit pourtant reconnaître partout dans ce qui était fait, et ce qui devait se faire, la main d'un habile ingénieur, car les avantages que présentait la nature ont été très-bien utilisés. Mais ces travaux non terminés font ressortir le caractère d'une direction supérieure, politique et notamment militaire, qui rejette et abandonne aujourd'hui ce qu'elle a commencé hier avec une puissante énergie, qui pouvait tout et n'a rien mis en état. Elle a fait voir, par ses hésitations et ses inconséquences, qu'elle est incertaine et qu'il lui manque la conviction du succès. »

Après la levée du camp, M. Rousseau alla servir à l'armée de l'Est sous les ordres du général Bourbaki, et rentra à Brest le 20 février 1871.

Commissariat

L'arrondissement maritime de Brest a prêté, à lui seul, à l'intendance militaire, autant de membres que les autres arrondissements ensemble. Le nombre des officiers qui en ont été détachés sur la proposition de M. le commissaire général Guichon de Grandpont et l'ordre de M. le préfet maritime, a été de 23, dont un commissaire, un commissaire-adjoint, 9 sous-commissaires et 12 aides-commissaires. Leurs départs ont commencé dès le 7 août 1870. Plusieurs d'entre eux n'ont pu se rendre à leur destination primitive, soit qu'à leur passage à Bordeaux, ils en aient reçu une nouvelle, soit que les événements de la guerre aient obligé de leur en assigner d'autres. Laissant de côté les mouvements dont ils ont été l'objet, nous indiquerons seulement la durée de leurs fonctions et les lieux où il les ont remplies.

Commissaire. — M. Dauriac. Intendant militaire à Brest, du 18 janvier au 29 août 1871.

Commissaire-adjoint. — M. Turiault. Parti de Brest le 19 janvier 1871 pour servir dans l'intendance militaire, à Tours ; il n'a pu entrer en fonctions par suite de la prise de cette ville, et a été dirigé sur le camp de Cavalaire (Var) où il a rempli les fonctions d'intendant militaire jusqu'au 28 mars 1871.

Sous-Commissaires. — MM. Bouillon. Intendant militaire à Alger, du 19 janvier au 2 avril 1871.

Prétôt. Parti le 19 janvier 1871, intendant militaire de la 3e division du 26e corps d'armée jusqu'au 5 avril 1871.

Auger (Eugène-Auguste). Parti le 19 janvier 1871, sous-intendant à Oran, jusqu'au 13 avril suivant.

Roussin. A la disposition de M. le commissaire Le Fraper, à Paris, du 13 août 1870 au 13 mars 1871.

Le Guay (Gustave-Stanislas). Intendant du 26e corps, du mois de janvier 1871, jusqu'à l'arrivée d'Alger de l'intendance militaire du 26e corps, ensuite sous-intendant jusqu'au 16 mars dans une division de ce corps.

Buffy. Parti le 19 janvier 1871, sous-intendant à Châtellerault jusqu'au 1er mai 1871.

Mével. Chargé du mois de janvier au 10 août 1871 de la sous-intendance du service de marche et des évacuations à Lyon.

Noury (Auguste-Joseph). Sous-intendant à Bourg, du 19 janvier au 12 juillet 1871.

Rassicod. Attaché au service administratif de la division d'infanterie de marine à l'armée du Rhin, le 11 août 1870.

Prisonnier de guerre à Sedan, le 3 septembre 1870. Rentré des prisons de l'Allemagne, le 8 avril 1871.

Aides-commissaires. — Les aides-commissaires détachés ont été :

MM. Pradier. Officier d'administration du 4e bataillon de marins (armée du centre) du 1er novembre 1870 au 31 mars 1871 ; et du 1er régiment de marche (armée de Versailles) du 1er au 7 avril 1871.

Marchal. Officier d'administration du régiment de marins destiné à Paris, du 7 août 1870 au 18 mars 1871.

Fournier. Le Cardinal et Clément. A la disposition de M. le chef de bureau des corps entretenus à Paris, du 10 août 1870 au 18 mars 1871.

Le Gallen. Parti le 28 septembre 1870. Attaché à l'intendance du 15e corps d'armée jusqu'au 7 avril 1871. Officier d'administration, du 16 avril au 11 juillet 1871 d'une des batteries de marins l'*Inflexible, annexe n° 7,* à l'armée de Versailles.

Lugan. A pris, à compter du 15 octobre 1870, les fonctions d'officier d'administration du 1er bataillon de marche de marins (armée du Nord). Par ordre du général commandant l'armée du Nord, il a exercé les fonctions de commandant du dépôt des isolés et des convalescents, à Lille, jusqu'au 8 mai 1871.

Bouët (Alphonse). Officier d'administration du 2e bataillon de marche de marins (armée du Nord), du 15 octobre 1870 au 29 janvier 1871.

Merlant. Officier d'administration du 3e bataillon de marche de marins (armée de la Loire), du 20 octobre 1870 au 23 janvier 1871.

Hayel. Parti de Brest le 28 septembre 1870, il a servi dans l'intendance du 15e corps d'armée.

Kernéis. Officier d'administration du 5e bataillon de

marche de marins (armée de la Loire) le 5 novembre 1870. Fait prisonnier le 10 décembre. Rentré en France le 6 avril 1871. Parti de Brest le 16 avril, a été jusqu'au 11 juillet suivant officier d'administration d'une des batteries de marins l'*Inflexible, annexe n° 7*, à l'armée de Versailles.

Babron. Dirigé le 20 décembre 1870 sur Burloup, pour remplacer M. Kernéis. Passé le 1er avril 1871, avec le 5e bataillon de marche de marins, à l'armée de Versailles. Rentré au port le 1er juillet 1871.

Inspection

L'effectif de l'inspection de la marine, au port de Brest, se compose d'un inspecteur en chef, de deux inspecteurs et de deux inspecteurs-adjoints. Ces deux derniers, MM. Jardin et Bénard-Fleury ont été détachés, pendant la guerre, dans l'intendance militaire.

M. Jardin, parti de Brest, le 19 janvier 1871 pour se rendre à Oran et à Mascara, n'est rentré que le 13 juillet suivant.

M. Bénard-Fleury, qui avait quitté le port, le 21 janvier 1871, pour aller au Havre, en est revenu le 1er avril.

Service de santé

Dès le mois d'août, un certain nombre d'étudiants en médecine étaient partis comme volontaires, et servaient, l'un comme sous-lieutenant, d'autres comme aides-majors, d'autres enfin, comme soldats ou infirmiers, soit dans l'armée régulière, soit dans la garde mobile. Quelques médecins de 1re et de 2e classe avaient suivi les bataillons de marche, ou étaient employés sur les flottilles et dans les forts de Paris. Bientôt, il fallut fournir à l'armée de Bretagne le personnel et le matériel de ses ambulances. Sur la demande du ministre de la guerre, et par ordre du ministre de la marine, deux médecins professeurs, MM. Gestin et Cras, et un médecin de 1re classe, M. Caurant, partirent le 7 et le 8 novembre pour le camp de Conlie, avec mission d'y remplir, le premier, les fonctions de médecin en chef de l'armée, le second, celles de directeur d'un personnel d'ambulances, composé de 14 médecins et de 2 pharmaciens, et le troisième, celles de médecin du quartier-général. Grièvement blessé, le 10 janvier 1871, à la gare d'Yvré-l'Evêque, pendant qu'il faisait placer des blessés sur des voitures, M. Gestin, après avoir reçu les premiers soins de M. Cras, dut rallier le port de Brest qu'il atteignit presque mourant le surlendemain. Son état a longtemps inspiré de grandes inquiétudes à M. le directeur Rochard qui, malgré toute sa sollicitude pour son confrère, n'a pu empêcher, tant sa blessure était grave, que l'avant-bras et la main gauche, ne fussent frappés d'une paralysie qui semble incurable. M. Caurant rentra à Brest le 24 décembre 1870 et M. Cras, le 8 mars 1871.

Le port eut en outre à fournir à des bataillons de mobiles de divers départements, toujours d'après les ordres du ministre de la marine, des aides-médecins nominativement désignés par les chefs de corps. Enfin, dans l'impossibilité de trouver des médecins civils pour accompagner les bataillons de mobilisés, il fallut délivrer des commissions d'aides-majors provisoires à des étudiants en médecine et en pharmacie de l'école.

L'ensemble du personnel détaché s'éleva à 2 médecins-professeurs — l'un d'eux, M. Gestin, a été nommé médecin en chef, le 8 juin 1871 — ; 12 médecins de 1re classe ; 7 médecins de 2e ; 4 chirurgiens de 3e classe ; 12 médecins commissionnés auxiliaires de 2e classe ; 13 médecins entretenus ; 4 médecins auxiliaires ; un pharmacien de 2e classe, et un aide-pharmacien commissionné auxiliaire de 2e classe. A ce chiffre de 56 officiers de santé, il faut ajouter ceux de 20 étudiants en médecine de 2e année et de 2 étudiants en pharmacie de 3e année.

Aumônerie

MM. Hains et Le Saout, débarqués du *Jean-Bart* et de la *Victoire*, ont été attachés à la division d'infanterie de marine, commandée par M. le général de division de Vassoigne, et composée des quatre régiments expédiés de Cherbourg, Brest, Rochefort et Toulon. Ils ont rejoint la division au camp de Châlons, et l'ont suivie dans sa marche. Pendant que l'abbé Hains l'accompagnait au feu, le 30 août, à Mouzon, le lendemain à Bazeilles, l'abbé Le Saout exerçait son ministère aux ambulances. Après la capitulation de Sedan, ils continuèrent de donner des soins spirituels aux blessés, soit sur le champ de bataille, soit dans les ambulances ou les maisons qui en étaient encombrées, et ils ne quittèrent leurs postes, suivant la décision de l'intendant général, que quand l'état des malades permit de les évacuer sur d'autres villes.

L'abbé Hains ne tarda pas à être chargé, conjointement avec l'abbé Surieux, d'une mission hérissée d'obstacles et de périls. Ils avaient plus d'une fois sollicité la faveur de s'exposer à de nouveaux dangers lorsque le ministre de la marine, qui s'occupait à Tours des moyens de recueillir et de faire parvenir des secours à nos prisonniers, les appela près de lui et les chargea de cette délicate mission. Nous ne raconterons pas toutes les péripéties de ce voyage entrepris au milieu d'un hiver exceptionnellement rigoureux, et au plus fort d'une guerre qui, en Allemagne comme en France, rendait le plus souvent les communications impossibles. Un exposé succinct de ce voyage suffira pour qu'on apprécie ce que son accomplissement a exigé d'abnégation et d'énergique volonté.

Lorsque les deux aumôniers partirent de Brest, le 2 décembre, diverses personnes voulurent les charger de leurs offrandes. Ne sachant comment seraient centralisés les secours, ils refusèrent. Malgré ce refus, au moment où ils allaient monter en wagon, ils reçurent une enveloppe de lettre contenant 100 fr., et une personne contraignit l'un d'eux à accepter sa quote-part. A leur passage à Lorient, ils ne furent pas peu surpris de trouver à la gare une députation de dames de la ville qui leur versa une somme de 500 francs.

A Tours, Mme Fourichon, qui activait, avec une sollicitude éclairée, la centralisation des secours à envoyer, leur remit de l'argent et des effets. Le ministre leur donna ses instructions et leur fit connaître, autant qu'il était en son pouvoir, les lieux où nos prisonniers étaient internés. Le nonce aspostolique, l'archevêque de Tours et l'archevêque de Lyon ajoutèrent leurs recommandations aux lettres de l'évêque de Quimper et de Léon ; et Mgr de Genève, qui pendant toute cette malheureuse guerre s'est dévoué à l'œuvre des prisonniers français, remit aux deux missionnaires des lettres pour des personnages d'Allemagne, en situation, croyait-il, d'aplanir les obstacles qu'ils devaient s'attendre à rencontrer.

Le chargé d'affaires de Prusse en Suisse refusa de viser leurs passe-ports. Ce début peu rassurant ne les arrêta pas. Après avoir visité, à grand'peine, plusieurs villes, notamment celles de Heidelberg, de Carlsrhue et de Radstadt où ils laissèrent des secours (1), ils revinrent à Bâle avec la pensée qu'il leur serait possible d'aller à Berlin, et d'y obtenir ce que le gouverneur de Radstadt n'avait pu concéder aux instances de ses amis, la levée des ordres qui défendaient, dans les termes les plus rigoureux, de laisser les prêtres français communiquer avec les prisonniers. L'archevêque de Cologne, que l'on disait très-influent à la cour de Prusse, leur témoigna beaucoup de sympathie, mais leur conseilla de ne pas poursuivre leur voyage. D'autres graves personnages leur donnèrent le même conseil. Le projet d'une révolte ou d'une évasion, combinée, disait-on, entre les Français internés à Mayence, à Coblentz et à Cologne, servait de prétexte aux rigueurs de la Prusse et ajoutait aux embarras de nos aventureux abbés, qui, réduits à voyager sans visas prussiens, allèrent attendre à

(1) D'autres secours parvinrent, plus tard, à Radstadt. Une souscription ouverte dans les corps de la marine, en faveur des prisonniers français, et qui devait s'élever au chiffre de 7,364 fr. 45 c., n'avait pas encore été entièrement recueillie lorsque le Préfet maritime remit, le 30 janvier 1871, la somme de 4,301 fr. 50 c. au Comptoir du Finistère, lequel la fit parvenir, par la voie de l'Angleterre, à M. Mayer, banquier à Radstadt. Ce dernier la remit à M. le capitaine de vaisseau Bergasse Dupetit-Thouars. Cet officier supérieur en fit la distribution à ses compagnons d'infortune avec le concours de Mme Bergasse Dupetit-Thouars qui l'avait rejoint. Le reliquat de la souscription, parvenu trop tardivement à la Préfecture maritime pour pouvoir être transmis en Allemagne, a été réparti, conformément aux propositions d'une commission présidée par M. le capitaine de frégate Normand, entre les familles signalées par les commissaires de l'inscription maritime de l'arrondissement comme ayant le plus souffert de la guerre.

Liége le résultat des démarches tentées par de hauts personnages de Berlin qui, malgré leur bon vouloir, ne purent parvenir à fléchir leur gouvernement. La seule perspective de succès qui restât était un appel à la bienveillance du commandant particulier. L'infanterie de marine était internée à Dresde, à Leipsick et à Menden. Les deux aumôniers s'y rendirent. Partout de nouvelles déceptions les attendaient. La cour de Saxe est catholique; mais là, comme à celle de Munich, un Prussien, ministre de la guerre, ne relevant que de Berlin, intimait des ordres terrifiants qui paralysaient toute bonne volonté. La police, aux investigations de laquelle les aumôniers avaient jusque-là échappé, faillit, dans une circonstance, reconnaître l'absence de visa prussien sur des papiers écrits en latin (des *celebret* de l'évêque de Quimper et de Léon) qu'ils présentèrent en guise de passe-ports. Poursuivre leur mission était désormais impossible; ils se résignèrent, après avoir assisté à Genève, aux obsèques du maréchal Randon, à reprendre la route de France, et ils vinrent à Bordeaux rendre compte de leur mission, après quoi ils rentrèrent à Brest le 1er février 1871, rapportant de leur pénible odyssée, la conscience d'avoir fait tout ce qui était humainement possible pour mieux réussir et la satisfaction d'avoir pu, chemin faisant, donner à quelques familles de Montpellier, de Rochefort et de Lorient des nouvelles de ceux de leurs membres qu'ils avaient vus en Allemagne.

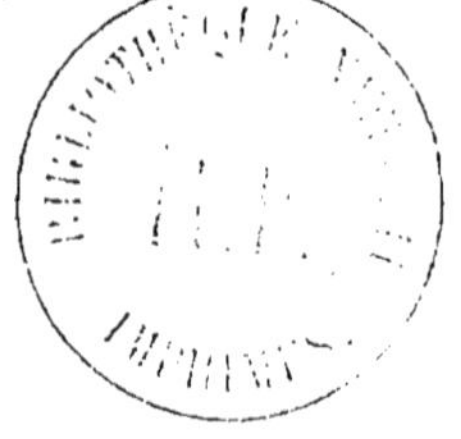

BREST. — IMPRIMERIE DE J. B. LEFOURNIER AINÉ, GRAND'RUE, 86

www.ingramcontent.com/pod-product-compliance
Ingram Content Group UK Ltd.
Pitfield, Milton Keynes, MK11 3LW, UK
UKHW020325250726
13967UKWH00004B/1863

9 782013 041812